Clemens Zavarsky

FK Austria Wien

Fußballfibel

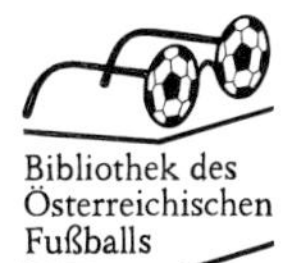

Herausgegeben von Thomas Pöltl und Frank Willmann

Autor:

Mag. Clemens Zavarsky, Jahrgang 1983, ist, obwohl am oberösterreichischen Land aufgewachsen, seit seinem vierten Lebensjahr ein in der Wolle gefärbtes Veilchen. Schuld an der frühen fußballerischen Weichenstellung für den studierten Politologen war das erste Panini-Sticker-Album und insbesondere die frühe Phase der 1990er, wo die Austria noch einmal zauberte, während Zavarsky selbst als linker Außenverteidiger jahrelang als Eisenfuß das niederösterreichische Unterhaus „beackerte". Zavarsky ist seit Jahren als Journalist für die Kronen Zeitung und den BALLESTERER tätig und spezialisiert auf politische und historische Themen. Neben seiner Leidenschaft für FK Austria Wien und den Millwall FC hegt er eine Liebe für das Fußball-Unterhaus. Für seine Reportage „Fußball im Krieg" aus dem Irak wurde er 2018 mit einem Journalistenpreis ausgezeichnet.

Bildnachweis:

FK Austria Wien: S. 24; VGA Wien/Wiberal: S. 62, 74; Votava/APA: S. 80, 110; Robert Zolles: S. 120.

ISBN: 978-3-944068-94-7

Die Deutsche Nationalbibliothek verzeichnet diese Publikation in der Deutschen Nationalbibliografie; detaillierte bibliografische Daten sind im Internet über http://dnb.d-nb.de abrufbar.

Verlag:

CULTURCON medien
Inh. Bernd Oeljeschläger
Melanchthonstraße 13
10557 Berlin
Telefon 030 / 3439 8440
www.culturcon.de
Redaktion und Lektorat: Nelly Möller
Gestaltung und Satz: Burkhard Kehl, Berlin
Coverentwicklung: Marcus Gruber, Berlin
Druck: Florian Isensee Gmbh, Oldenburg

Prolog

Dies ist keine schöne Geschichte. Dies ist eine Geschichte über Leid, Traurigkeit, Missfallen, Ärger. Dies ist eine Geschichte über Loyalität ohne Verstand, über schmerzerfüllte Liebe, wo man sich am Ende fragt, ob sie richtig oder falsch war. Wenn Sie dieses Buch gelesen haben, werden Sie es beiseitelegen, den Kopf schütteln, vielleicht ob der Ratlosigkeit über das Verhalten der Protagonisten den einen oder anderen Schnaps trinken. Es sei denn, Sie sind schon Fan des FK Austria Wien. Dann werden Sie sich wiederfinden. In einer Welt verzweifelter Liebe, einer Welt voll Leid und Traurigkeit, und Sie werden am Ende – voll bitterer Erkenntnis über das eigene Sein – vielleicht trotzdem den einen oder anderen Schnaps brauchen. Denn obwohl der Verein an Titeln der erfolgreichste Verein Österreichs ist, verbindet man mit ihm nicht den Erfolg per se. Heimatlosigkeit, Melancholie und Nostalgie schon eher. Dies ist keine Geschichte über serienweise Meistertitel. Obwohl es die natürlich auch gegeben hat. „Die Wiener Austria ist eine Diva, eine schöne Frau, der man es wagt, scheu hinterher zu blicken, die man aber nie getraut, sich anzusprechen", schrieb der große Austrianer Ernst Ocwirk in seiner Biographie *Weltenbummel.*

Die Austria war und ist Synonym für das schöne Fußballspiel in Österreich. Die Wiener Schule, das Scheiberlspiel, wie man das Kurzpassspiel, das aus einer Kombination des schottischen, tschechischen, und ungarischen Fußballspiels der 1920er Jahre entstanden ist, nannte; für jene Mannschaft, die oft lieber in Schönheit starb und dafür lieber einen Pass oder einen Hacken zu viel machte, als am Ende siegreich vom Platz zu gehen.

Jeder von uns ist aufgrund eines prägenden Moments endgültig der Austria verfallen. Mehr noch als von Siegen leben wir von verpassten Chancen, Niederlagen und Möglichkeiten. An einem Tag konnte man in glanzvoller Manier ein Derby oder eine Europacupschlacht für sich entschieden haben, um wenige Tage darauf in der zweiten Cuprunde gegen den USC Arsch am Zwirn aus der dritten Bezirksliga hinterm vierten Berg rechts die violetten Segel zu streichen. Das ist die Austria. Und weil man das zu ertragen bereit ist, ist man Austrianer. Oder wie es der Dichter Friedrich Torberg einmal richtig fabulierte: „Austrianer ist, wer es trotzdem bleibt." Und so könnte man unsere Geschichte hier beginnen lassen.

Es ist eine fiktive Geschichte, deren historischer Kern den Fakten entspricht. Das eine oder andere Wort der vielen, vielen der Austria verbundenen Protagonisten dieses Buches mag vielleicht nicht an Ort und Stelle so gefallen, geschrieben, weitergegeben worden sein. Doch der Kontext, in dem diese Worte gesprochen, geschrieben oder weitergegeben worden sind, ist historisch korrekt. Und so lassen wir die Geschichte beginnen. Sie beginnt eigentlich vor über 100 Jahren. Aber wir blicken zuerst auf den 25. Mai 1996.

„Wir werden Meister!" Arm in Arm marschieren sie, singen sie, trinken sie. Grün-weiße Fahnen und Schals werden geschwenkt und immer wieder Namen der Spieler angestimmt, unterbrochen von rhythmischem Klatschen. Eine Szenerie der Freude rund um das Prater-Oval, das zu diesem Zeitpunkt schon Ernst-Happel-Stadion heißt, im 2. Wiener Gemeindebezirk. Der frischgebackene Vize-Europacupsieger aus der Wiener Vorstadt hat gerade in der vorletzten Runde der Meisterschaft im Derby gegen die Wiener Austria mit 2:0 gewonnen. Die erste Meisterschale seit acht Jahren ist nun für den SK Rapid Wien zum Greifen nahe. Die grün-weiße Jubeltraube überschattet die gesamte Szenerie am Stadionvorplatz, so dass drei Gestalten – ein kleiner, ein großer und ein sehr alter Mann – im Meer der Glückseligkeit beinahe untergehen. Ein kleiner Junge von etwa neun Jahren heult Rotz und Wasser. Verstohlen trocknet er die Tränen in seinem violetten Schal, den er unter seinem Blouson versteckt hat. Ein großer Mann, offenbar der Vater des Jungen, marschiert etwas abwesend nebenher, den rechten Arm des Kleinen festhaltend. Über den anderen Arm gelegt trägt er einen Regenmantel, obwohl es seit Wochen nicht geregnet hat, in der Hand hält er die Autoschlüssel. Sein Blick geht in die Ferne, Richtung Parkplatz. Eine Runde um das Happel-Oval kann dauern, vor allem, wenn man permanent grün-weißen Feiernden ausweichen muss. Ausweichen, stehen bleiben, Slalom laufen. Ein nervenaufreibendes Tohuwabohu, erst recht, wenn man gerade ein Derby verloren hat. Die linke Hand der kleinen Rotznase hält ein sehr alter Mann. Sein einstmals buschiger weißer Schnauzbart ist nurmehr kaum zu erkennen. Er trägt einen alten, abgetragenen Anzug: ein gestreiftes Sakko aus dünner Wolle, darunter eine Stockerpoint-Weste. Sein gebogener Spazierstock mit Gummikopf am Ende macht bei jedem Schritt ein dumpfes Geräusch auf dem biernassen Asphalt. Mit dem alten Wiener Stesser, den er am Kopf trägt, sieht er aus wie ein Relikt aus längst vergangenen Tagen und wirkt etwas fehl am Platz. Gewissermaßen ist er das auch. Sein violett-weißer Strickschal, den er um den Hals gebunden hat, hat schon viele Austria-Siege und -Niederlagen erlebt, genauso wie sein 101-jähriger Träger.

„Rotzbuam, blöde“, schimpft der Alte.

„Opa, sei ruhig, sonst kriegst eine mit deim eigenen Spazierstock drüber“, zischt der große Mann mit dem Autoschlüssel. Noch immer jubeln und tanzen die Fans des Erzrivalen um die kleine Familie, die sich zum Parkplatz durchkämpft.

„Da jubelns, diese Lauser“, hört der alte Mann nicht auf zu schimpfen. Er drückt die Hand des Kleinen etwas fester, der noch immer im Tal der Tränen versinkt.

„Die sollen aufhören, sich zu freuen“, weint der Kleine mit tränenerstickter Stimme.

„Lasst sie doch“, sagt der Große. „Ist ja nur ein Spiel.“

Der alte Mann bleibt stehen und fährt zornig auf: „Nur ein Spiel? Das war kein Spiel! Das war eine Gemeinheit. In der ganzen Mannschaft kannst nur den Rachimov brauchen. Und den Wohlfahrt. Hin und wieder den Pfeffer.“

„Komm Opa, jetzt beruhig dich wieder. Das sagst jetzt auch nur so, weils halt verloren haben.“

Mit einer wegwerfenden Handbewegung wischt der Alte das Argument beiseite.

„Was ist mit dem Ogris?“, fährt der Große fort, während er seinem weinenden Sohn die Nase putzt. „Der hat heute halt gefehlt, das hast gemerkt. Allein kann der Mjelde da vorn auch nix machen.“ Der Alte würde dem Großen am liebsten vor die Füße spucken, doch im Alter ist es mit dem Speichelfluss auch nicht mehr das Wahre. So blickt er ihn nur wütend an.

Während sich die kleine Familie am Parkplatz des Ernst-Happel-Stadions also gerade über das Warum und Wieso des verlorenen Derbys gegen Rapid streitet, wollen wir kurz erklärend eingreifen: Der russisch-tadschikische Teamspieler Raschid Rachimov kam 1994/95 zur Austria und sollte ein ganz atypischer Austrianer werde. Rachimov war kein filigraner Techniker, wie der Verein sie zuhauf aus der eigenen Jugend hervorbrachte und wie die Fans der Austria sie seit Jahrzehnten verehrten. Rachimov war ein Kämpfer, sollte sich jedoch durch seinen Kampfgeist über Jahre hinweg Legendenstatus erarbeiten. Torhüter Franz Wohlfahrt und Verteidiger Toni Pfeffer waren bereits lebende Legenden, aber dazu später mehr. Mons-Ivar Mjelde war ein norwegischer Teamspieler, der nur zwei Jahre den violetten Dress trug, aber sich mit 33 Toren in 82 Einsätzen rasch in die Herzen der Fans geschossen hatte. Und wer Andreas Ogris ist, muss einem wahren Austrianer nicht erklärt werden. Ogris war der, der die Mannschaft nach vorne riss – keiner, der für spielentscheidende Tore war. Ogris war so sehr Austria Wien, dass er einem Trainer namens Egon Coordes Trauma-Salbe in die Unterhose geschmiert hat. Ogris war trinkfest und konnte auch nach einer durchzechten Nacht spielen, behaupten so manche. Das alles mag wichtig, lustig und anekdotenwürdig sein, Geschichten, die man an Stammtischen erzählt. Geschichten, die unser aller Leben überdauern, ob sie stimmen oder nicht. Geschichten, die es auch wert wären, hier niedergeschrieben zu werden. Warum tut man es nicht? Weil's, um es mit Ogris Worten zu sagen, wurscht ist. Sticht man einen Andi Ogris ins Herz, fließt violettes Blut. Das dickste, violette Blut, das man sich vorstellen kann. Einer, der am Tag vor dem Wiener Derby Rapid-Spieler mitten in der Nacht angerufen hat. Und wenn sie abhoben, lapidar frug: „Kannst du ah net schlafen?" Das war und ist Andi Ogris. Einer, der für die Austria sein letztes Hemd gegeben hätte, violett, die Austria, durch und durch.

Zum Zeitpunkt des familiären Streits am Parkplatz des Happel-Ovals im Mai 1996 hat Rapid gerade das Finale im Europacup der Cupsieger gegen Paris Saint-Germain 0:1 verloren, ist aber auf einem guten Weg, Meister zu werden, während die Wiener Austria bereits mit 20 Punkten im Rückstand auf den in Führung liegenden Erzrivalen ist. Man liegt auf Platz 5 der Tabelle und ist drauf und dran, erstmals seit zwanzig Jahren wieder den Europacup zu verpassen. Die Emotionen unter den Fans gehen also hoch.

Der alte Mann ist noch immer außer sich. Nur ein Spiel, denkt er düster, nur ein Spiel. Was weiß denn dieser Lausbub schon. Er spürt ein leichtes Ziehen am Ärmel. Der Urenkel blickt mit tränennassen Augen den Alten an: „Opapa, warum ist die Austria so schlecht?"

Ach, mein lieber Bub, denkt sich der Alte, das ist schwierig zu erklären. Vor zwei Jahren erst sind wir das dritte Mal in Folge

Meister geworden. Der insgesamt 21. Triumph, dazu 22 Mal den Cöp gewonnen. Du, kleiner Bub, warst da vielleicht noch bissl zu klein, um das mitzubekommen. Austrianer bist du geworden, als wir im strömenden Regen die Salzburger 2:1 besiegt haben. Musst dir vorstellen, Bub, ein ausverkaufter Prater im Mai 1992. Du hast ein Würstl gegessen, wolltest unbedingt den scharfen Senf. Geweint hast danach, weil das so gebrannt hat. Und mir habens das Bier aus der Hand geschlagen. Oder ich hab so zittert, wer weiß das schon so genau. Du hast damals eine kleine Austria-Fahne in den kleinen Händen gehalten, als uns Pfeffer und Ogris zum Sieg und zum Titel schossen. Damals bist du Austrianer geworden. Wolltest ein violettes Trikot, einen Ball, einen Schal. Seitdem sitzt du jeden Samstag, wenn wir grad nicht ins Stadion gehen können, und hörst im Radio die Match. Und am Abend schauen wir dann im Fernsehen gemeinsam die Zusammenfassung. Jetzt ärgerst dich, so wie ich mich ärger. Himmelhochjauchzend – zu Tode betrübt. Die Seele eines Austrianers.

„Die Austria, Bub, ist nicht schlecht“, sagt der Alte, so sanft es sein innerer Zorn gerade zulässt. „Die Austria ist eine Diva. Manchmal lässt sie sich halt sehr bitten, um die Zuschauerschaft zu begeistern. Doch wenn sie es tut, dann reißt es einen von den Sitzen, will man dreimal ‚Hoch‘ rufen, möchte sie küssen, liebkosen, auf Armen tragen. Und sie im nächsten Moment wieder zum Teufel jagen.“

Der Große mahnt den Alten: „Opa, ich glaub, das versteht er noch nicht.“

Der Kleine blickt fragend vom Vater zum Opapa.

„Er ist Austrianer, er wird's eines Tages verstehen. Wenn die Austria wieder gut ist“, gibt der Alte schnippisch zurück.

„Ich mag am Montag nicht in die Schul'. Da lachens mich alle aus, die Rapidler und die Salzburger. Und der Markus, die blöde Kuh, nimmt mir wieder meine Austria-Füllfeder weg“, sagt der Kleine trotzig. „Ich find das so gemein. Der Markus, der Geri, der Leo: Sie alle warens letztes Jahr noch Fans von Salzburg, wie die im Europacup-Finale waren. Und jetzt? Jetzt sinds alle bei der Rapid, weil die grad so gut sind. Und mich verarschens die ganze Zeit, weil die blöde Austria verliert. Und wenn ich ihnen vom Ogris und vom Narbekowas und vom Wohlfahrt vorschwärm, dann lachens mich aus und der Markus hat mir letztens sogar eine geschmiert.“

Der Alte muss innerlich lachen. Einmal noch die Probleme der Jugend haben! Er kennt das selbst aus seiner Jugend und auch von später nur zu gut. Hießen damals die Vereine auch noch nicht Salzburg, sondern Hakoah, Vienna und natürlich Rapid, später dann die Admira. Ha, was wir alle schon Watschn gekriegt haben, weil wir Austrianer waren! Als ob man selbst für dieses Leid geboren worden ist …

„Opapa, wann wird die Austria wieder gut?", schluchzt der Kleine.

Ach, mein Bub, denkt sich der Alte, wenn ich's dir nur sagen könnt.

„Als ich so alt war wie du, hat's lange gedauert, bis die Austria gut wurde", antwortet er. Wie er sieht, dass nun der nächste Schwall Tränen droht, beeilt er sich hinterherzuschicken: „Aber als sie dann gut war, warens die Besten der ganzen Welt!"

Das Gesicht des Kleinen hellt sich auf: „Wirklich? Erzähl mir davon, Opapa!"

Sie sind inzwischen beim Auto angelangt. Der Vater lässt die Hand des Kleinen los, um den Wagen aufzusperren. Die grölende Rapid-Menge ist nurmehr in der Ferne zu hören. Der Alte überlegt, als er auf seinen Urenkel blickt. „Ach, Bub, was soll ich dir erzählen. Wie soll ich dir erzählen? Von den Flankenläufen eines Luigi Hussak, von einem Abwehrkünstler wie Xandl Popovich und seinen viel zu kurzen Hosen, dass es damals der Damenwelt die Schamesröte in die schönen Gesichter getrieben hat. Das war einer der beliebtesten Wiener Fußballer der 1910er Jahre, von einem Guggi Wieser, der uns zum ersten Meistertitel schoss und dreimal Schützenkönig wurde (auch wenn er vorher bei Rapid war), von einem Goalmann wie Teddy Lohrmann, der an einem Tag Rugby, Wasserball und Fußball gespielt haben soll. Den Erfindern der Wiener Schule, den Ungarn Kálmán und Jenö Konrád, Alfréd „Spezi" Schaffer und natürlich dem unvergleichlichen Matthias Sindelar. Bub, wie soll ich dir die elegante Spielweise eines Walter Nausch, Wilhelm Morocutti oder Camillo Jerusalem nur erzählen? Die Sprintläufe eines Karl Gall, Ernst Melchior, die Longpass eines Ernst Ocwirk, das einbeinige Stürmerwunder Ernst Stojaspal und sein kongenialer Partner Dolfi Huber. Wie nur über den Abwehr-Sir Karl Stotz erzählen, oder das Bröckerl Horst Nemec, den vorlauten Dralle Fiala, der den Prohaska einen Cowboy schimpfte, Köglberger, den hundertjährigen Sturm mit Pirkner, Parits und Morales, den unverwechselbaren Gasselich und den Jahrhundertfußballer Prohaska. Wie solche Abwehrkünstler beschreiben wie den Robert Sara oder Erich Obermayer, später dann die Zauberer Nyliasi und Magyar und natürlich Toni Polster und Andi Ogris. Und ich hab sicher noch so viele vergessen ...“

„Fang halt einfach von vorne an, dann schlaft der Bub wenigstens ein“, brummt der Große, während er den unbenützten Regenmantel und Spazierstock des Alten im Kofferraum verstaut.

„Ich schlaf nicht ein“, ruft der Kleine und ist plötzlich hellwach.

„Alsdann“, beginnt der Alte. „Dann müssen wir in der Zeit ein bisschen zurückgehen. Genauer gesagt, in das Jahr meiner Geburt: 1894.“

Aufmüpfig in der Pubertät

1894 – 1910

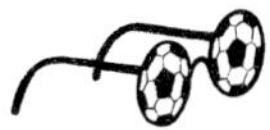

„Der 22. August 1894 war in vielerlei Hinsicht ein recht bedeutsamer Tag für den 2. Wiener Gemeindebezirk – und in weiterer Folge für ganz Österreich. Vorerst beschränkte sich die Bedeutsamkeit aber auf den Mikrokosmos zwischen dem Prater, das heißt, der Jesuitenwiese, und dem *Café Central,* bis nach Döbling und in diesem besonderen Falle bis zum Gasthof *Zur schönen Aussicht.*

Wir befinden uns in einem Café in der Vorgartenstraße im 2. Bezirk unweit des Platzes des ‚First Vienna Cricket and Football Club'. Es ist nicht das Klublokal (das befindet sich im 1. Wiener Gemeindebezirk) dieses umgangssprachlich ‚Cricketer' genannten Vereins, einer ausschließlich aus Engländern bestehenden, berühmten Fußballmannschaft aus dem Wiener Prater, sondern einfach das nächstgelegene Kaffeehaus. Vor allem das unverwechselbare ‚First' im Namen war der ganze Stolz der Cricketer, die ihren Verein zur Pflege des Cricketspiels bereits 1892 gegründet hatten. Da man mit diesem Sport aber in Wien weder Spieler noch Zuschauer gewinnen konnte, hatte man sich unlängst zur Einführung des zweiten englischen Rasensports entschieden: des Fußballs. Man verstand sich selbstverständlich als der erste Fußballverein Wiens und damit der ganzen österreichischen Reichshälfte. Nichts deutete an diesem Morgen darauf hin, dass dieses Weltbild schon bald ins Wanken geraten sollte.

Der nahegelegene Nordbahnhof war als Ausgangspunkt der Kaiser-Ferdinand-Nordbahn der größte und wichtigste Bahnhof der österreichisch-ungarischen Monarchie. Eine rege Geschäftigkeit gehörte seit seiner Inbetriebnahme 1865 zum Alltag. Pausenlos ankommende und abfahrende Personen- oder Güterzüge sorgten in diesem Verkehrsknotenpunkt für die nördlichen und östlichen Kronlande des Habsburgerreichs für Trubel. Hier war jeden Tag Lärm, in der Luft lag beständig ein Geruch von Metall, Schmieröl, Pferd, Mensch und von dem, was eben gerade hin- oder hertransportiert wurde. Trotz all dieser Betriebsamkeit fiel an diesem Tag ein junger Mann besonders auf. Er sollte in wenigen Tagen in die Septima des naheliegenden Gymnasiums einsteigen, das vorletzte Jahr bis zur Matura. Da hätte man seine Nervosität und Unruhe ja noch verstehen können, doch den jungen Mann quälte keine Prüfungsangst und auch der drohenden Karzer des Herrn Ordinarius kümmerte ihn im Moment wenig. Er hatte einen gehetzten

Ausdruck in den Augen und schüttelte wiederholt fassungslos den Kopf. Passanten wollen Wortfetzen aufgeschnappt haben wie: ‚Nein, nein, nein!', ehe sie sich darüber echauffierten, dass man doch wohl bei jemanden, der in einigen Jahren das Studium des Rechts oder was auch immer hinter sich gebracht haben würde, ein gewisses Maß an Benimm voraussetzen dürfe. Das interessierte den jungen Mann alles nicht. Nein, hier war offensichtlich jemand unterwegs, um schlechte Nachrichten zu überbringen.

Zu Beginn der 1890er Jahre lebten und arbeiteten in der Hauptstadt des mächtigen Habsburgerreichs viele Engländer. Einigen von ihnen sollte der Ruhm gebühren, den sogenannten ‚Sport' nach Wien gebracht zu haben, neben Cricket, Pferderennen auch den Fußball. Es war aber zu jener Zeit so, dass der Wiener für Körperkultur so gut wie nichts übrighatte und die Ausübung von Sport belächelte oder verspottete. Ein bürgerlicher Sonntagsausflug in den Prater führte bestenfalls zum dritten Kaffeehaus oder nach Nußdorf in die *Rose,* also in ein Gebiet, in dem ‚Laternenanzünder' nicht nur Titel eines bekannten Schlagerliedes war, sondern tatsächlich auch ein anerkannter Beruf. Jede einzelne Leuchte wurde hier von einem Mann spätabends angezündet und frühmorgens wieder gelöscht, während in den feineren Bezirken die alten Petroleum-Laternen bereits durch Gaslampen ersetzt worden waren. Das neue Leuchtgas kam von der Gasgesellschaft in Simmering, die Teil eines englischen Mutterkonzerns war und somit eine stolze Anzahl englischer Ingenieure, Angestellter und Fachkräfte in die Stadt gebracht hatte. Zahlreiche englische Firmen, die den industriellen Fortschritt aus England im Gepäck hatten, eröffneten Büros in Wien. Nicht zu unterschätzen waren in dieser Hinsicht auch die neuen sanitären Anlagen, die in Teilen Wiens installiert wurden.

Der Eigentümer einer solchen Installationsfirma saß an jenem 22. August 1894 in besagtem Lokal nahe der Heimstätte der Cricketer, rauchte eine Zigarette und blätterte in der Pester Lloyd. Neben seiner Eigenschaft als Unternehmer war dieser Mann auch ein großer Freund des Fußballs. Sein Name war John Gramlick und er war einer der Mitbegründer der Cricketer. Als der junge Mann ungestüm durch die Tür gestürzt kam, hob John Gramlick die Augenbrauen. Sein leicht pikierter Blick schien zu sagen, so ein Verhalten sei ungebührlich für einen englischen Gentleman. Da der junge

Mann aber kein englischer Gentleman war und um die Geschichte zu vereinfachen, tun wir mal so, als habe sich der folgende Dialog in deutscher Sprache abgespielt.

‚Was soll dieser rüpelhafte Auftritt?', fragte Gramlick. Der Junge atmete schwer, hatte die Hände auf die Knie gestützt: ‚Die Vienna …', keuchte er. ‚Die Vienna …' Mehr war nicht vonnöten, um sich die Aufmerksamkeit sämtlicher anwesender Personen zu sichern. Mit dem Rivalen aus dem noblen Döbling, dem aus ihrer Sicht ‚zweiten' Fußballverein von Wien, der auf der Kuglerwiese seine Matches absolvierte, verband die Cricketer eine Hassliebe. ‚Was ist mit der Vienna?', fragte Gramlick nun doch ungeduldig. Der Junge setzte sich, man gab ihm einen großen Schluck Brandy, der ihn noch mehr husten ließ. ‚Die Vienna hat sich im Gasthof *Zur Schönen Aussicht* am Kahlenberg getroffen', stieß der Junge hervor. ‚Sie haben die Satzungen zur Gründung eines Fußballvereins bei der Statthalterei eingereicht.' Gramlick schüttelte genervt den Kopf: ‚Was soll's? Das haben wir doch auch getan.' Der Junge nickte, fuhr sich durch die Haare und sagte: ‚Ja, aber dem Antrag der Vienna wurde heute stattgegeben!' Die Stille die nun eintrat, war zum Greifen. Alles hielt den Atem an, mangels Sauerstoff ging sogar Gramlicks Zigarette aus. Alle starrten den Jungen entgeistert an: ‚Und was ist mit unserem Antrag?', flüsterte Gramlick heiser. Als der Junge langsam den Kopf schüttelte, wurde es allen klar. Das ‚First', auf das die Cricketer so lange so stolz gewesen waren, war futsch. ‚Es ist amtlich. Wir sind nicht mehr der erste Verein Wiens', seufzte Gramlick theatralisch.

Die Welt der Cricketer war danach monatelang nicht in Ordnung. Über die Medien focht man mit der Vienna einen Krieg um das Anrecht auf das ‚First' aus, den man am Ende verlor. Im Gegensatz zu den ersten Spielen: 4:0 besiegten die Cricketer die Vienna anlässlich des ersten offiziellen Fußballspiels in Wien auf der Döblinger Kuglerwiese am 15. November 1894."

„Aber warum ist das für die Austria jetzt wichtig?", fragt der Kleine.

Bedeutsam streicht sich der greise Mann über den Schnauzbart, während der Große ihm ins Auto hilft. „Nun, Bub, ganz einfach: Man kann die Geschichte der Wiener Austria nicht erzählen ohne ihren Ausgangspunkt. Denn aus den Cricketern sollte nur wenig später der Amateure SV werden. Und man muss die Welt dazu ein bisschen verstehen."

Der Größere schnallt Opa und Urenkel die Sicherheitsgurte fest und grunzt: „Hast du dir das nicht alles ausgedacht? Damals warst du ja selbst nicht viel älter als der Kleine hier."

Der Alte lächelt in sich hinein und meint: „Die Austria, mein Junge, ist meine Vergangenheit und meine Gegenwart. Sie hat mich mein ganzes Leben lang begleitet."

Der Kleine wird ganz aufgeregt: „Bitte Opa, red weiter!"

„Alsdann …

Unweit der heilen Welt des Schlosses Schönbrunn präsentierte Wien um die Jahrhundertwende ein ambivalentes Bild. In Simmering, Favoriten oder Meidling prägten Mietskasernen das Stadtbild, die hauptsächlich von Arbeitern bewohnt wurden, mit Gangküchen, Bassenas als einziger Wasserquelle und Toiletten im Hinterhof. Abends fand man an den Hofeingängen die Non-Passantinnen, die für ein paar Heller einem Manne schöne Stunden versprachen. Neben der Syphilis ist Lungentuberkulose, die ‚Proletarierkrankheit' genannt wird, allgegenwärtig. Der Hausherr residiert indes meist in einem der Nobelviertel, denn paradoxerweise gibt es in Wien zu dieser Zeit auch ein herrliches Überangebot an Luxuswohnungen. Lag das Existenzminimum bei einem Jahreseinkommen von 1.600 Kronen, fanden sich durchaus auch Appartements mit einer Miete von 15.000 bis 25.000 Kronen pro Jahr.

Der Fußball war dem bürgerlichen Milieu und erst recht der Aristokratie, mit wenigen Ausnahmen, fremd, so wie der Wiener an sich dem ‚Football' anfangs skeptisch gegenüberstand. ‚Fußballspielen verboten'-Schilder auf allen Grünflächen Wiens waren an der Tagesordnung. Jungen Burschen wie dem eingangs erwähnten Boten drohte der Schulverweis, wenn man sie beim Raufen um den Ball erwischte. Man behalf sich mit falschen Bärten und Perücken. So machte es auch Max Leuthe."

„Wer ist Max Leuthe?" unterbricht der Kleine neugierig.

„Max Leuthe oder ‚Mac John', wie er bald genannt wurde, schaffte es als erster Wiener in die Startelf der Cricketer und berichtete mir über seine erste Berührung mit dem Fußball im Allgemeinen und mit ‚seinen' Cricketern im Speziellen, als ich ihn viele

Jahre später einmal im Café *Annahof* getroffen habe. ‚Wir hatten uns beim Soldatenspielen gegenseitig schon zu Generälen befördert, und die Sache begann uns langweilig zu werden', erzählte mir Max Leuthe. ‚Durch die Lektüre von Karl May angeregt, begannen wir, das edle Indianer- und Trapperspiel auf der Jesuitenwiese zu kultivieren. Die Baumgruppe in der Mitte war das Lager, die Wiese war die Prärie und die umliegenden Wäldchen täuschten die Urwälder Kanadas vor. Wir hatten eben einen wilden Kriegstanz vor einem an den Baum gebundenen Trapper beendet, als wir durch eine Gruppe erwachsener Männer mit kurzen Hosen und Kappen gestört wurden, die gerade auf der Wiese vor dem ‚Lager' höchst seltsame Dinge unternahmen. Sie hieben drei kleine Stäbe in den Boden, schritten Distanzen ab und begannen, mit einem harten Ball ein dem Kaiserball nicht unähnliches Spiel zu spielen. Wir fanden es höchst seltsam, dass erwachsene Leute Ball spielten und wunderten uns, dass ein erscheinender Wachmann, als man ihm ein Papier vorwies, gegen diesen Unfug nichts unternahm. Wir hatten keine Ahnung, dass wir dem Cricket-Training des ‚Vienna Cricket and Football Club' beiwohnten. Wir sahen zu und lachten über die unterdessen als Engländer erkannten Fremdlinge. Als dann am nächsten Tag dieselben Leute einen großen Ball mit den Füßen stießen, waren wir schon ein wenig begeistert und qualifizierten uns, nachdem wir die Angst vor dem großen Ball überwunden hatten, als Ball-Schanis und ließen das Indianer- und Trapperspiel links liegen. Wir hatten von den Regeln natürlich keine Ahnung. Beim ersten offiziellen Match hielten wir die mit Fähnchen bewaffneten Linienrichter für die wichtigsten Personen und zählten eifrigst, wie oft jeder die Fahne hob, weil wir glaubten, dies sei der ausschlaggebende Moment beim Spiel. Dass in der Mitte einer mit einem Pfeiferl herumlief, hielten wir für höchst überflüssig. Über die Bedeutung der Tore konnten wir uns nicht einigen. Es dauerte aber nicht lange, und wir kannten die Regeln, die uns ausgiebigst beschäftigten. Die Trainingsmethoden waren ebenso geistreich wie wirksam, und es ist sehr zu bedauern, dass dieses System heute nicht mehr praktiziert wird. Der Trainer nahm eine Handvoll Steine, stellte sich in die Mitte des Platzes und bestrafte jeden Patzer oder Rohling mit einem wohlgezielten Steinwurf.' Deswegen, Bub, nannte man es später auch die Steinzeit des Fußballs."

Der alte Mann schmunzelt. Solche kleinen Späße macht er gerne.

„Erzähl weiter", fordert der Urenkel.

„Jener Max Leuthe sollte später als Journalist und Karikaturist viel Ruhm ernten. Gleichwohl gilt auch er als einer der Urväter der Wiener Austria. Ein gewitzter Kerl war das, dieser Max Leuthe, der sich als ewiger Wandervogel – zu einer Zeit, als man es mit Übertrittsbestimmungen noch nicht so genau nahm – zwischen dem WAC und den Cricketern einen Namen machte. Ungeahnte Fertigkeiten entwickelte er beim Spiel mit der Ferse, ‚Fersler', wie man es heute nennt. Damals nannte man diesen Trick, benannt nach Leuthe, ‚Maxler'.

Soviel zum Leuthe Max, aber apropos WAC: Dieser Verein, mit dem sich die Austria in den 1960ern fusionieren sollte, hat eine interessante Vergangenheit. Anders als bei den Cricketern und der Vienna war sein Schwerpunkt bei der Gründung nicht der Fußball, sondern die Athletik, deswegen nannte er sich auch Wiener Athleticsport-Club. Fechten und Schwimmen waren zunächst die wichtigsten Sportarten, erst 1898, zwei Jahre nach der Gründung, kam der Fußball dazu. Viel englischen Einfluss, wie bei Cricket und Vienna, gab's da nicht mehr, das Fußballfieber hatte ohnehin schon alle gepackt. Bub, ich weiß gar nicht, wie viele Fußballer von der Austria die hohe Kunst beim WAC gelernt hatten. Der Vogerl Geyer, Karl Sesta, der spätere langjähriger Trainer Heinrich ‚Wudi' Müller, der Karl ‚Waschi' Adamek und, und, und. Eine Wiege der Talente mit Standort im 2. Bezirk in der heutigen Rustenschacher Allee am Pratergelände. Das Stadion, wo sogar Länderkämpfe ausgetragen wurde, steht noch. Allein, spielen tut keiner mehr darauf. Ein großer Verein.

Bereits vier komplette und richtige Fußballplätze konnte Wien um die Jahrhundertwende vorweisen: Den WAC-Platz im Prater, die alte Hohe Warte in Döbling, wo die Vienna spielte, und die Innenbahn der beiden Radrennbahnen im Prater und in Margareten. Die Cricketer spielten am Cricket-Platz in der Vorgartenstraße im 2. Bezirk.

Ich selbst hab mich auch im Fußballspiel versucht, auch wenn ich nicht mit großem Talent gesegnet war. Dafür mit Begeisterung. Gewählt habens mich beim Spiel trotzdem immer als Letzten. Ich hab mir nix dabei gedacht, war froh dabei zu sein.

Nicht selten mussten wir Heranwachsenden den Weg ins Pratergebüsch antreten, wenn wieder ein Schutzmann des Weges kam, der zornig auf das Schild ‚Fußballspielen verboten' deutete. Einen Lederball konnten sich nur die wenigsten leisten, auch wenn viele eifrig sparten. Etwa durch das ‚Gratulieren'. Wo es im näheren oder erweiterten Verwandtschaftskreis oder der Nachbarschaft irgendein freudiges Ereignis zu feiern galt, stellte man sich unfehlbar als ‚Gratulant' ein. Für ein paar Heller und Kreuzer speicherte man Geburts- und Namenstage, Taufen, Freisprüche von Ehrbeleidigungsprozessen bei den verschiedenen Resi-, Fanni- oder Mali-Tant, der Greislerin und dem Fleischhauer von nebenan. Dazu gab's fürs Torstangentragen bei den Trainings der Cricketer 80 bis 90 Kreuzer. Steuerfrei. Mein erstes Paar zerrissener Fußpackln, wie wir damals Fußballschuhe nannten, hat nur fünf Kreuzer gekostet. Den Rest hat man gespart. Um sich irgendwann einen Lederball leisten zu können oder die Mitgliedschaft im Verein. Das machte drei Kreuzer pro Monat. So lange aber weder das eine noch das andere in Aussicht stand, musste man mit dem Fetznlaberl vorliebnehmen, das zusammengeschnürt mit Spagat aus den Strümpfen der Mutter und der Schwester das Hoch und Heiligste der heranwachsenden Fußballzunft war.

Unsere erbitterten Gefechte auf der Jesuitenwiese unweit der elterlichen Wohnung begannen zu der Stunde, da man der sorgsam wachenden Mutter entkommen konnte, und endeten meist mit Einbruch der Dunkelheit oder wenn die eigenen Verdauungsorgane gar zu vernehmlich zu knurren begannen. Oft warteten die Eltern mit hochrotem Kopf am Fenster oder draußen auf der Straße, wenn wir wieder etwas zu lang dem runden Leder nachgejagt sind. Bevor es durchgehaute Kinderbacken gab, folgte zerrissenen Schuhen und Hosen erst die Strafpredigt, welche dumme Freunde man doch habe und ob man lieber selbst ein Gassenjunge wäre. Abgewetzte Schuhe konnte man eine Zeit lang noch mit etwas Wichs kaschieren. Jedoch hatte man den Eltern ihre Sorgen bald ausgetrieben, indem man immer länger und länger herumstrolchte, bis eines Tages klar war, dass wir Buben nicht auf einer Bahre oder im Sanitätswagen die Gasse runtertransportiert werden würden.

Der Fußball hatte etwas Wildes, Provokatives, nicht so starr wie die allgemeine Turnstunde, die nach fein säuberlich diktiertem Muster vonstattenging. Wie alles, was aus England auf den

Kontinent kam, hatte er den Flair jugendlicher Modernität und widersprach der gängigen Konvention. Die Cricketer erfreuten sich zunächst großer Beliebtheit, waren sie doch zu anfangs das erfolgreichste Team von Wien. 1898 und 1902 konnten sie den seit 1897 ausgetragenen Challenge-Cup gewinnen, aber gegen Ende des ersten Jahrzehnts des 20. Jahrhundert kam es zu Veränderungen. Nicht nur bei den Cricketern, auch wir haben uns verändert.

Die Jugend will eben mehr, und auch die Cricketer kamen in die Pubertät. Eine klassische Sexualerziehung in diesem Sinne gab es damals ja nicht. Bald wusste man, dass man gegen ein paar Heller am Nordbahnhof – selbstverständlich nur wenn man wusste, wo – entsprechende Bildchen kaufen konnte, auf die man sich nach einigem Hin und Her einen Reim machte. Sonst galt das Thema als Tabu. ‚Selbst die lateinische Klassik, auch Ovid, Horaz, Catull, lernte man in gesäuberten Ausgaben kennen, und wenn bei Homer sich der Herr des Hauses zu seinen Mägden legt, wurde verlegen darüber weggelesen', schrieb später wahrheitsgetreu der Dichter Carl Zuckmayer. Am Land verlor man in irgendeiner Scheune einer schwitzenden Bauernmagd anheim liegend seine Unschuld, und das heranwachsende, gutbürgerliche Wien lag dem Dienstmädchen bei."

„Opa, jetzt reicht's aber" ruft der Große verärgert. „Der Bub ist keine neun Jahre alt, das muss er jetzt noch net wissen."

Der Opa schnaubt: „Pfah, was ich von eurer Jugend gesehen hab, wissen die in dem Alter mehr als wir mit doppelt so viel Lenzen gewusst haben."

Ein verärgertes Schweigen folgt. Na, der wird mir reden, denkt sich der Alte. Hab ich doch unlängst den Kleinen das Wort „bumsen" sagen hören, als er mit seinen Freunden im Käfig ballestert und herumgeblödelt hat.

Der Große lenkt den Ford Escort langsam auf die Meiereistraße, die Straße vor dem Happel-Stadion.

„Fahr über den Kai, der Prater ist immer so voll nachm Match", schnaubt der Alte.

„Opa, wie ging es dann weiter?", fragt nach einiger Zeit der Kleine vorsichtig.

„Wenn mich dein Herr Vater weitererzählen lässt", faucht der alte Mann.

Der Größere schweigt mit hochrotem Kopf. „Na gut. Aber keine Dings … na, solche Gschichtlein halt wieder!"

Es ist wohl noch heute ein Tabuthema, denkt sich der alte Mann.

„Alsdann …

Das Tabuthema im Fußball war das liebe Geld. Die Vereine finanzierten sich durch Mitgliedsbeiträge, nun wollten die Fußballer aber selbst Geld dabei verdienen, wie sie es bei den großen Vorbildern aus England gesehen haben. Jahr für Jahr kamen Klassemannschaften von der Insel nach Wien wie Tottenham, Celtic, Everton, Newcastle, Arsenal, Manchester United, Portsmouth, Sunderland oder die Rangers, verzückten das Publikum, ließen die Kasse klingeln. Die heimischen Begegnungen jedoch lockten keinen mehr hinter dem Ofen vor. Mit dem Abenteuer Meisterschaft wollte man dem entgegenwirken. Bei den Cricketern kam im Jahr 1910 aber noch ein zweites Problem hinzu: mangelnde Wertschätzung. Die Fußballsektion sah ihre Interessen nicht angemessen vertreten. Für den Mutterverein war Cricket noch immer die Hauptsportart. ‚Streitigkeiten, die das Vereinsgetriebe betrafen' wird es in diversen Austria-Chroniken genannt, die ich gelesen habe. Am 20. Oktober 1910 trafen sich fast alle Cricketspieler und insgesamt 43 Cricket-Mitglieder zur konstituierenden Generalversammlung im Wiener Urania-Keller. Und ich war auch dort!"

Die erste Braut

1910 – 1920

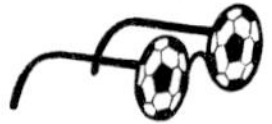

„Mich haben sie damals vorgewarnt. Schüler, Fußballer, was nicht gern gesehen war, und ein Lausbub. Ich hatte schon einen Karzer in der Oberstufe, einen weiteren sollte man sich nicht leisten, will man später zur Matura antreten und weiter auf die Universität. Der gestrenge Ordinarius war diesbezüglich auch im Brief an die Eltern unmissverständlich und der alte Herr Vater mehr als ungehalten. Kein Fußball und keine Spaziergänge im Prater oder Zuckerbäckerbesuche mehr mit dem scheuen Geschlecht. Meine Braut, neben den Cricketern und später der Austria, hieß Gretl. Ein Mädl, sag ich dir, rote Pausbacken wie ein Luftballon, aber sonst eine reine, weiße Haut, wie frisch gewaschene Laken. Die Haare haben immer nach Marillen gerochen, was weiß ich warum. Und mir zuliebe hat sie sich nachher immer violette Bandln in ihr schwarzes Haar geflochten."

Der Große runzelt die Stirn: „Hat die Oma net Elisabeth geheißen?"

Die Miene des Alten verdunkelt sich. „Ja. Das hat sie", sagt er nach einem Moment des Schweigens. An die Gretl zu denken, das schmerzt auch nach siebzig Jahren noch. Aber ich war ja nicht da, ich war nicht da …

„Opapa, was ist mit der Austria passiert?", unterbricht der Kleine die düsteren Gedanken des Alten.

„Am 20. Oktober 1910 wurden alle Warnungen über Matura, Universität, Karzer und die Enttäuschung der Eltern in den Wind geworfen. Im Urania-Keller ging es hoch her. Der Ludwig Hussak führte das Wort. Ach, der große Luigi! Er war davor schon Kapitän der Cricketer gewesen, ebenso der Wiener Auswahl und des österreichischen Teams. Der Hussak, das war ein famoser Kerl. Reden konnte er wie ein Gentleman, aber gib ihm bloß keinen Stift in die Hand. Das Wort ‚Zimmerleuthe' schrieb er nie ohne h und wenn er beschrieb, wohin's ihn mit der Gattin nach dem Match gezogen hat, hieß es oft: ‚Na da fahrn ma halt nach Nußdorf 'nauß.' Seiner Mutter hat er als Bub einmal ein paar Kreuzer abgeschwatzt unter dem Vorwand, der brave Luigi müsse sich ein neues Rechenheft kaufen. Der schlaue Hussak besorgte sich aber einen Wollball gefüllt mit Sägespänen. Er war mit einer gottgegebenen Geschwindigkeit gesegnet und einem platzierten, scharfen Flachschuss, bei dem die meisten Goalmänner das Nachsehen hatten. Er war es auch, der beim 1:1 gegen

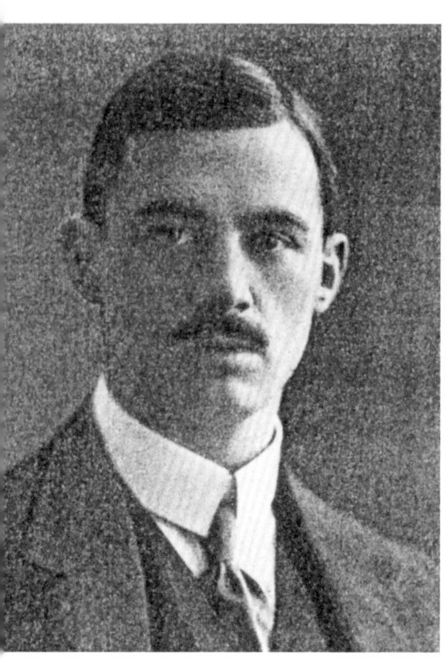

Der erste Kapitän und spätere Ehrenkapitän der Amateure und der Austria: Luigi Hussak.

Rudolfsheim 1911 das erste Tor der neu gegründeten Amateure SV schoss, die später zur Austria werden sollte. Später ernannte man ihn zum ersten Ehrenkapitän der Wiener Austria … als Gausportlehrer unter den Nazis wurde er dann leider Teil des faschistischen Systems.

Aber zurück in den Urania-Keller: Der Hussak stand auf, ergriff das Wort: ‚Wir müssen das machen anders, net wahr', rief er. ‚Wir zahlen und zahlen, aber kriegen nichts zurück. Und die Aufmerksamkeit liegt bei denen nur bei eanarem Cricket. Mir fehlt da Wertschätzung.'

Die Engländer bei den Cricketern hatten sich dem Amateurismus verschworen, die Spieler selbst wollten aber professionellere Strukturen. Sie zahlten monatliche Mitgliedsbeiträge, verdienten aber, abgesehen von ein paar Zuwendungen, keinen Heller dabei. ‚Aber wie stellst dir das vor?', rief ein anderer. Ein Raunen ging durch den Keller, viele nickten einander zu, und dann rief Hussak aus, was alle dachten: ‚Na, wir gründen uns einen eigenen Verein. Einen Verein der Wiener Cricketer!' Flammender Applaus brandete auf! Bub, ich krieg noch heute Gänsehaut, wenn ich an die Geburtsstunde der späteren Austria zurückdenk. Nur einer blieb unbeeindruckt in der Ecke stehen. Einer der wichtigsten, wenn nicht der wichtigste Fußballfunktionär Österreichs: Hugo Meisl. Als Fußballer war er nie besonders, aber als Funktionär, Bub, da war er der beste der Welt. Acht Sprachen hat der gesprochen, war mit den Engländern, die damals noch das Beste vom Besten waren, auf Du und Du. Jedenfalls, der stand im Eck, die Melone in der Hand, dafür einen skeptischen Blick aufgesetzt. Ich hörte ihn sagen: ‚Das wird ein Nachspiel haben. Ich bin nicht überzeugt.' Wie beim Stille-Post-Spiel drangen dann die Informationen nach hinten, wo auch mein Platz in der Menge war. Der neue Verein sollte ‚Wiener Cricketer' heißen. Der Sportjournalist Erwin Müller blieb Alterspräsident, Gustav Wondrak und Robert Koritschoner wurden Vizepräsidenten, Paul Gußmann Schriftführer und der gute Ettore Richetti bekleidete das wichtige Amt des Kassiers. Obwohl jung an Jahren, war der der gute Richetti damals so etwas wie die gute Seele des Vereins. Immer im Hintergrund, treu und bescheiden, traf ihn jede Niederlage wie ein Dolchstoß, jedes erzielte Tor bereitete ihm die größte Freude. Als Leutnant des Infanterieregiments 87 fiel er am 19. Oktober 1914 im Großen Krieg in Polen.

Als Vereinsadresse fungierte zuerst noch die Mariahilfer Straße 119, als Vereinslokal diente das Wiener *Ring-Café* am Kaiser-Wilhelm-Ring, der heute Stubenring heißt. Am Stubenring 18, gegenüber vom k.u.k.-Kriegsministerium, war das *Ring-Café,* das Stammcafé von Hugo Meisl, wo er später auch das Wunderteam erfinden sollte.

Und der Meisl sollte Recht behalten. Als man den Hussak wenige Wochen später im Kaffeehaus traf, war von Überschwang nichts mehr zu spüren. ‚Stell dir vor, diese Bagasch!', schimpfte er. ‚Die Cricketer haben Protest eingelegt.' Gegen den Vereinsnamen Wiener Cricketer zunächst, doch dieses Problem ließ sich mit der baldigen Umbenennung in Wiener Amateur-Sportverein rasch lösen. Aber: ‚Diese Bagasch! Sie haben den Spielern, die wegwollen, erteilt nicht die Freigabe nicht', tobte der Hussak. Das war ein Problem, es bedeutete eine Sperrfrist von sechs Monaten, also bis April 1911. Und damit wäre die Anmeldefrist für die erste österreichische Fußballmeisterschaft überschritten gewesen. Aber zum Glück hatte man einen Präsidenten namens Erwin Müller, der später als Glossenschreiber auch mit der spitzen Feder umzugehen wusste. Dank ausgezeichneter Exponenten und guter finanzieller Kontakte konnte man sich mit den Kritikern einigen. Der Max Leuthe hatte damals so eine Freude, dass er gleich eine Hymne textete, die Arthur Nassau vertont hat:

Nun heraus, Amateure, auf das Feld zum Kampf und Sieg und habt ihr ihn erfochten, dann der Lorbeer euch erblüht! Kommt heraus, Amateure, kommt heraus ihr wackren Elf, führt das Banner der Violetten stets zum Sieg …!"

„Geh bitte, Opa, hör auf zum Singen, ich versteh die Nachrichten im Radio nicht!", ruft der Große und dreht den Regler des Autoradios auf der Suche nach der richtigen Frequenz. Dem Kleinen aber sind die Tränenkanäle nun endgültig trockengelegt, er lacht lauthals auf und sagt: „Und die Amateure haben sicher gleich alles gewonnen, oder?“

Der Alte blickt wehmütig auf das sorgenfreie Gesicht seines Urenkels. Ja, Bub, denkt er, wie soll ich dir erklären, was das für eine Zeit war. Am Balkan waren Serben, Türken, Bulgaren und Albaner drauf und dran, sich die Schädeln einzuhauen, unser Generalstabschef Conrad von Hötzendorf hätte am liebsten mitgerauft und die Italiener gleich mit am Krawattl gepackt. Aber davon haben wir nix gemerkt, mein Bub. Nein. Schön waren die Sommer vor dem Großen Krieg! Auch wenn's als Freund der Amateure nicht ganz so schön war. Wir haben fast permanent gegen den Abstieg gespielt. Aber der Hussak war uns trotzdem immer treu. Deswegen ist er nachher auch Ehrenkapitän geworden …

„Wieso bist du eigentlich Austrianer oder Cricketer geworden?“, fragt der Kleine plötzlich. „Eine gute Frage“, setzt der Alte wieder ein.

„Jeder Bezirk hatte seine Vereine. In Penzing saß Rapid und Rudolfsheim, im 10. regierten die Hertha und Rudolfshügel, im 17. war der Sportclub, im 19. die Vienna. Und im 2. Bezirk waren die Cricketer und der WAC. Man hat die Klubs aus seinem Grätzl unterstützt, so einfach war das. Über die Bezirksgrenzen hinaus. Oh, mein Bub, was haben wir von der Hakoah oft auf die Nas gekriegt, wenn's um Blödsinnigkeiten ging, wie, wer der ‚jüdischere Verein‘ sei, weil wir viele jüdische Gönner gehabt haben … Oder mit den Burschen vom WAC, weils viele von den Cricketern kurzfristig gekapert haben … Und wie oft hab ich Watschn gekriegt, einfach weil die Amateure und die Cricketer verloren haben? Oder von den rauen Burschen aus der Vorstadt, die einfach einen Hass auf die Gutbürgerlichkeit gehabt haben? Unserer Etikette entsprach es damals nicht, beim Fußball die Fäuste zu heben. Damals gab's noch kein Bosman-Urteil, da hat der Leuthe Max das eine Wochenende beim WAC gespielt und die Woche drauf wieder bei den Cricketern. Aber die wahre Liebe kam erst, als aus den Cricketern die Amateure hervorgingen. Da ging es um Ästhetik, nicht um Kampf, und oftmals vergaßen sie ob einer schönen Ballkombination den Endzweck, ein Goal zu machen. Neben überraschenden Erfolgen gab es unerklärliche Versager. Dabei war die erste Mannschaft der Amateure ident mit der letzten der großen Cricketer. Das letzte Spiel der alten Cricket-Mannschaft war am 5. März 1911 gegen den Wiener Associations-Football-Club, den WAF, und ging 0:2 verloren. Die neugegründeten violetten Amateure konnten aber nicht bis zum Gründungstag warten. Am 12. März 1911 gab's am Rapid-Platz ein 1:1 gegen Rudolfsheim, am 15. März 1911 wurden die Amateure beim ÖFB angemeldet und seitdem gilt das als das Gründungsdatum der Wiener Austria. Nur wenige Wochen später, am 30. April, gab's ein Wiedersehen am Feld mit den Cricketern, das die Amateure 2:0 für sich entscheiden konnte. Jessas, Bub, was waren wir versessen auf den Start der neuen Meisterschaft! Wir waren Favoriten auf das Championat, das war ganz klar. So spielfreudig wie wir waren, das war eine richtige Hetz. Und am Ende sind wir Achter geworden und Rapid Meister."

„Damals so wie heute", brummt der Große am Steuer und hält bei einer Ampel am Handelskai.

Zum Ärgern ist es mit dem Buben, wirklich, denkt sich der Alte.

„Was ist passiert?", fragt der Urenkel.

„Bub, da kann ich nur zitieren, wie es in der Zeitung geschrieben war. ‚Die Amateure haben wieder einmal total umgeschmissen. Es ist nur ein Glück, dass es beim Fußball keinen Totalisateur gibt. Sie können da ganze Völker arm machen. Violett gewinnt nur überlegen, wenn kein Mensch daran denkt und fällt um, wenn es gute Aussichten auf den Sieg hat. Sie sind wie das Wetter im April. Launisch und unberechenbar. Fünf Minuten glänzend, fünfzehn Minuten unter dem Pinsch.'"

Ja, wie das Wetter im April, denkt der Alte bei sich, und fährt fort zu erzählen.

„Gut einen Monat davor haben wir ein Turnier in Turin gegen Torino FC, Juventus und La Chaux-de-Fonds gewonnen, das der Hugo Meisl ausverhandelt hat, inklusive einem Reise-Zuschuss von 200 Kronen vom Fußballverband, der dem gesellschaftlichen Status der Amateure entsprach. Meisl musste sich oft eine violette Eingefärbtheit nachsagen lassen. Als er 1913 Teamkapitän, also Teamchef wurde, beendete er vorerst seine Tätigkeit für die Amateure. Mehr als einmal hat er sich von uns im *Ring-Café* Beschwerden über das stetige Auf und Ab von den Amateuren anhören müssen. Im selben Café haben wir dann endlich auch unseren ersten Sportplatz bekommen, auch wenn wir dafür den Bezirk verlassen mussten und nach Ober-Sankt-Veit ziehen mussten. Wie oft bin ich vom Elternhaus in der Hetzgasse im 3. Bezirk zuerst in die Vorgartenstraße im 2. Bezirk und dann auf den WAC-Platz gegangen, wo die Amateure zuerst gespielt haben. Dann sinds beim WAC ein bissl unverschämt geworden. Wir haben oft Doppelveranstaltungen mit ihnen gespielt, am Wochenende. Zuerst wir, dann sie. Da waren oft bis zu 25.000 Zuschauer da, Bub, das war ein Erlebnis. Aber dann wolltens vom WAC, dass wir die Amateure in ihren Verein eingliedern, sonst dürften wir dort nicht mehr spielen. Also habens einen neuen Platz gesucht und in der Auhofstraße einen gefunden. Das war dann ein ziemlich weiter Weg, vom 3. Bezirk raus in die Vorstadt zu pendeln. Als sie dann im Mai 1914 den Platz eröffnet haben, war er auch noch gar nicht fertig, aber wir haben halt dringend eine Spielstätte gebraucht.

Den Sportclub haben wir damals besiegt, 1:0. Das war ein Geschenk, aber dann ist es finster geworden über Europa und der Welt. Dann ist der Krieg gekommen. Ich kann mich noch gut erinnern. Die Gretl, meine Braut, wollte nach Karlsbad raus zum Schwimmen und Sonnenbaden. Danach wollte sie sich den *Parsifal* im Burgtheater anschauen, der hatte grad Saison. Sie wollt unbedingt, mit Zug raus und auf gemütlich. Ich hab gesagt, Gretl, das geht nicht, die Amateure spielen um halb sechs gegen den Floridsdorfer AC. Grantig ist sie geworden. Zuerst sie, dann ich. Was war das für ein Spiel, sag ich dir. Keine Chance haben wir gehabt. Gar keine. 0:5 haben wir eine auf die Nas gekriegt. Ich bin rasch weg, weil ich wollt von den Floridsdorfer Buben net auch noch eine auf die Nas kriegen. Wenn die einen Stehkragler gesehen haben, war's aus und vorbei. Als ich wieder in die Stadt komm, ist helle Aufruhr, aber ich bin in Gedanken noch immer bei dem Match und als ich zu Hause angekommen bin, nimmt mich die Gretl weinend in den Arm: ‚Es ist so schlimm, es ist so schlimm.' Ich muss lächeln, dass sie so Anteil nimmt an meinem Gram und tätschel ihr den Oberarm und sag, macht ja nix, ist bald wieder Meisterschaft. Nächstes Jahr wird's besser. Sie wischt sich die Tränen am Rockzipfel ab und schaut mich ganz entgeistert an. ‚Was redst du?' Und ich sag, naja, weil die Amateure grad auf die Nas gekriegt haben. Es war eh schon die letzte Runde von der Meisterschaft. Die Gretl wird rot im Gesicht und schreit mich an: ‚Höast, lass mich in Ruh mit deim deppaten Fußball! Den Thronfolger habens erschossen. In Sarajewo!‘

Es war der 28. Juni 1914, als die Amateure 0:5 am FAC-Platz untergingen und Thronfolger Erzherzog Franz Ferdinand in Sarajewo von serbischen Extremisten erschossen wurde. Was haben wir gebangt. Gibt's jetzt ein Krieg? Hoffentlich, habens auf der Universität gesagt. Wird Zeit, dass was passiert in unserm Leben! Serbien muss sterbien haben wir damals alle gebrüllt, Arm in Arm sind wir die Straße runtermarschiert, allesamt geradernal zwanzig Jahr alt. Vom Leben haben wir noch nix gewusst, aber geglaubt, alles zu wissen. Endlich Krieg!

Eine andere Zeit. Einen Monat später gab's dann endlich die Kriegserklärung an Serbien. Wie viele andere bin ich runter zum Kriegsministerium und hab lautstark das Prinz-Eugen-Lied geschmettert. Dann bin ich zurück und hab die Gretl gefragt, obs mich heiraten will. Sie hat ja gesagt und ich bin nochmal zum Kriegsministerium und hab nochmal das Prinz-Eugen-Lied gesungen. Der Krieg, so dachten wir, das ist das große Abenteuer unserer Zeit. Das Studium der Justiz war rasch beendet – da hat der Papa etwas geholfen – und nun wollten wir, die wir beständig als zu weich für diese Welt bezeichnet wurden, wir Bürgerlichen, Studenten, Intelligenzler – wir wollten nun beweisen, wo der Bartl den Most holt, wies halt damals in der Ausbildung gesagt haben. Die Quittung für unsere Begeisterung für das Urübel dieser Welt flog uns bald um die Ohrwaschln – in Form von Granatsplittern, Schrappnellkugeln und abgerissenen Gliedmaßen von Freuden und Kameraden. Nach siebzehn Kriegsmonaten an der Ostfront kam endlich der erste Urlaub.

Acht Tage Wien und ich eile zu meinen Amateuren, dann zur Gretl und den Eltern. Allerlei, was ich im Feld gehört hab, bestätigt sich nun: Der Hussak ist verschollen, der Richetti ist gefallen. Nur wenige Klubs sollten einen derartigen personellen Aderlass im Krieg erleiden wie die Amateure. Zurück im Felde schau ich immer wieder, dass ich irgendwo an ein Wiener Sporttagblatt komm. Irgendwann aber lasst den Fußball links liegen. Zu Weihnachten 1914 haben wir gehört, hättens an der Westfront Frieden geschlossen, die Engländer und die Deutschen. Im Westen, viele tausend Kilometer weg. Und Fußball gespielt. Dem Schnellberger Hubert, dem Sohn von unserem Nachbarn in der Hetzgasse in Wien, habens Weihnachten 1917 das Gesicht weggeschossen. Nachdem wir drei Jahre an der Schlachtbank überlebt hatten. Und am nächsten Tag hielt ein Kaplan eine Messe. Was der für Worte gefunden hat. Für Kaiser, Gott und Vaterland. Für Kaiser, Gott und Vaterland. Für Kaiser, Gott und Vaterland habens dem Hubert das Gesicht weggeschossen. Ist der Richetti in Polen verreckt. Haben wir am Monte San Michele 1916 den Italienern das Giftgas ins Tal gelassen, bis sie elendiglich zu Grunde gegangen sind, in ihren Gräben. Gräben, wo man uns vorher gesagt hat, dass sie sicher wären. Blau und grün warens im Gesicht, ein paar haben sich die Eingeweide rausgespien. Schreien höre ich sie heut noch im Schlaf. Für Gott, Kaiser und Vaterland, jaja. Da hab ich zu mir gesagt, der Gott, der das erlaubt, der Gott und seine Kirchen, kann mich am Arsch lecken. Vier Jahre lang habens uns in ein Schlachten und Morden getrieben. Der Krieg, Bub, ist nix Schönes. Egal wo. Die Gretl, meine liebe Braut mit den roten Pausbackerln und den violetten Bandln im Haar, verreckte am Spanischen Fieber. Und mit ihr unser ungeborenes Kind. Neun Millionen Menschen waren tot, mein Land, mein Kaiserreich zerrissen, der Kaiser war weg. Wie jetzt wieder Fuß fassen? Wie jetzt wieder zurück zur Normalität?

Als Helden kehren wir heim, habens uns im Vierzehner-Jahr gesagt. Gar nix waren wir Helden. Deppat waren wir, eine verlorene Generation. Unsere besten Jahre im Dreck und Tod verbracht haben wir. Jetzt wieder Normalität? Normalität in einer Heimat, wo die Wiener verhungert sind, weil's wegen des Kriegs nix mehr zum Essen gegeben hat? Wo Väter und Söhne halb damisch heimgekommen sind? Alle waren wir andere Menschen geworden. Eine Republik habens ausgerufen. Eine Republik, die keiner wollte. Dann wolltens Revolution machen, aber ich wollte keine Revolution machen. Gestohlen haben wir, Bub, als wir heimgekommen sind. Nichts hast herumliegen lassen dürfen. Keine Schuh, kein Ranzen und schon gar nix zum Essen. Woher da Normalität, wenn deine eigenen Eltern dich schief anschauen, weilst dir schwertust, wieder mit Messer und Gabel zu essen? Hast ja im Feld nicht gebraucht. Normalität braucht Zeit.

Ich hab nur eine Normalität gekannt: Den Fußballplatz. Und als ich mich halbwegs wieder derfangen hab, hab ich ihn wiedergetroffen: den Hugo Meisl. War als hochdekorierter Hauptmann aus dem Völkermorden in den nunmehrigen Wasserkopf Wien zurückgekehrt und übernahm bei den Amateuren das Amt des Sektionsleiters. Die Welt war in Flammen gestanden, doch ausgerechnet der Fußball sollte aus dieser Asche seinen Siegeszug antreten. Die Arbeiterschaft hat sich organisiert gehabt. Die Sozialdemokraten haben den Kanzler gestellt. Die Frauen durften wählen. Und die Arbeiter haben plötzlich Zeit gehabt. Den Fußball, der auch im Krieg gespielt worden ist, den wolltens nun mitgestalten. Nicht nur am Feld, sondern auch Abseits. Mit der Einführung des Acht-Stunden-Tags habens natürlich auch viel Zeit dafür gehabt. Nur die Amateure haben sich dagegen gewehrt, das stand sogar in den Statuten: ‚Nur Intellektuelle'. Im Lauf der Zeit hat das zum Glück keinen mehr gekümmert. Aber es sprach für den Stil, der die Violetten prägen sollte, auf und neben dem Platz."

Die schöne Austria

1921 – 1930

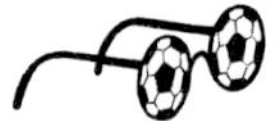

Im Autoradio verkündet der Nachrichtensprecher gerade noch einmal die 0:2-Niederlage der Wiener Austria gegen Rapid. „Die Hütteldorfer stehen damit vor dem Gewinn ihres 30. Meistertitels …“

„Schalt das ab, da krieg ich hohen Blutdruck“, sagt der Alte zum Großen.

Kurz war's wieder still im Ford Escort. Nur das Rauschen des Radios ist zu hören, als der Große versucht, eine andere Frequenz zu finden. Dreißig Meistertitel, denkt der Alte. „Dreißig ist viel, oder?“, fragt da der Kleine, als könnte er Gedanken lesen.

„Ja“, gibt der Alte ihm recht. „Das ist viel.“

„Wann hat die Austria dreißig Meistertitel?“

Der Alte muss lächeln. Bub, was soll ich dir sagen …

„Ich hab dreißig Jahr alt werden müssen, bis ich endlich den *ersten* Meistertitel mit den Violetten feiern durfte! Aber dafür was für einer! Gescheiberlt haben die Burschen, dass es eine Freude war. Das war Intelligenzfußball, gespielt von intelligenten Spielern. Auch, wenn es schwer war, das Wiener Publikum dafür zu begeistern.“

„Das ist eh heut auch noch so …“, brummt der Große.

„Ja! Zum Glück!“, erwidert der Alte.

Der Kleine blickt verwirrt vom Vater zum Urgroßvater. Warum soll das gut sein, wenn man keine Massen anzieht?

Der Alte bemerkt den fragenden Blick und erklärt: „Weil wir Austrianer immer etwas Besonderes waren, weil wir uns immer was drauf eingebildet haben, besser zu sein. Schöner zu spielen. Das fing ja schon mit unserer Heimatlosigkeit an! Ja, wir hatten den Sportplatz in Ober-Sankt-Veit seit 1914. Aber der wurde im Krieg sich selbst überlassen und war am Ende nurmehr eine graue Gstetten. Er war nie wirklich unsere Heimat, auch wenn wir ihn 1921 dann doch saniert und ab 1922 darauf gespielt haben. Diese Wurzellosigkeit hat man uns auch oft vorgeworfen, es war mit ein Grund dafür, dass sich immer nur ein kleines, aber feines Publikum begeistern ließ. Dann sinds neidisch worden, die Rapidler, weil wir den besseren und schöneren Fußball gespielt haben. Dazu kam, dass wir unsere Büros und Sekretariate immer in der Innenstadt hatten. Nicht so wie die Vienna oder der WAC, wo sie direkt am Sportplatz waren. Sondern im Kaffeehaus.“

„Im Kaffeehaus?“, schaute der Kleine verwundert. „Aber da hat man ja keinen Platz und es stinkt.“

Wieder lächelt der Alte.

„Damals, Bub, da war das Kaffeehaus eine Institution und der Herr Ober war die Autorität. Für ein Häferl Einspänner, dazu eine Zigarre – wennst dem Herrn Ober genug Schmalz gegeben hast, hat er unterm Ladentisch die guten hervorgeholt – bist du stundenlang dort gesessen, hast philosophiert, Zeitung gelesen, Tarock gespielt oder, wie es die Austria gemacht hat, Matchkarten verkauft, Spielertransfers abgewickelt oder was halt der Alltag sonst so mit sich gebracht hat. Es war eine Insel der Melancholie, auf der man so manchen Tag über sich ergehen lassen konnte. Und in den Nachtcafés wie dem *de l'Europe,* das gar nicht so weit weg war vom *Café Herrenhof* im 1. Bezirk, wo sich auch die noblen Herrschaften gern im Hinterzimmer vergnügten, ging es oft bis 4.00 Uhr nachts hoch her. Manchmal hast das Gefühl gehabt, du bist wieder in der Zeit vorm Krieg. Alles ein bissl unbeschwert, alles ein bissl dekadent-morbid. Man hat dann gern die Zeit vergessen. Zu den Glanzzeiten der frühen Zwanzigerjahre spielten die Cafés eine wichtige Rolle. Im *Café Museum* residierten Karl Kraus, Gustav Klimt, Egon Schiele, Oskar Kokoschka, Robert Musil und Georg Trakl. Ähnlich viel Künstlerprominenz verkehrte auch im *Café Griensteidl,* wo die Liste der späteren Stammgäste vom Rang eines Arthur Schnitzler, Hugo von Hofmannsthal oder Arnold Schönberg die Wiener zu einem anderen Namen inspirierte: Sie nannten das Lokal liebevoll *Café Größenwahn.* Und mit dieser geschätzten Gesellschaft umgaben sich auch die Amateure.

Das rege Treiben im *Ring-Café,* dem Sitz in der Innenstadt, während die meisten Vereine in den äußeren Bezirken angesiedelt waren, sollte den Charakter der Wiener Austria entscheidend prägen. Hier verkehrte die Oberschicht, das Bürgertum, die sogenannten Intelligenzler, die Schickeria. Die Austria mag ihre gutbürgerlichen Wurzeln haben, ihre Besonderheit und die Einzigartigkeit besteht aber darin, dass es ihr wie keinem anderen Klub gelungen ist, die vornehme Innenstadt und die Vorstadt, Arbeiterschaft und Bürgertum, Café und Wirtshaus, Kampf und technische Raffinesse in einem Fußballklub zu vereinen.

Die Austria blieb in der Zwischenkriegszeit ein Kaffeehausverein. Im *Dom-Café* wurden Redouten und Tanzabende abgehalten, die Gäste aus den Cabarets plauderten hier mit Spielern und Offiziellen. Deswegen auch der Vorwurf des Eliteklubs oder ‚Intelligenzlervereins'. Und wir haben uns was darauf eingebildet! Wir waren ein Verein der bürgerlichen Intelligenz, und die war damals nicht gerade in der Mehrheit. Zu unseren Match kamen vermehrt gegnerische Fans, weils uns nicht gemocht haben. Im Gegensatz zu Rapid und Hakoah, die tiefer in der Gesellschaft und in ihren Bezirken verwurzelt waren, gingen bei uns aber die meisten auf Distanz. Wir wollten ein schönes Spiel und einen Sieg, aber dass wir uns für die Violetten in die Goschn hauen, nein, das wär uns damals nicht eingefallen. Wir haben getanzt, Bub!", musste der Alte jetzt lachen. „Am Feld und abseits. Nach dem Krieg gab's sowas wie den Vereinsball, den wir die Violette Redoute genannt haben. Dem Meisl seine Frau Bianca war da sehr aktiv. Das war eine vornehme Partie, obwohl auch Hackler wie der Vogerl Geyer dann als Spieler dort natürlich gern gesehen waren. Einmal sind wir mit dem Hermann Leopoldi, dem Ossi Geiger und seinem Bruder, dem Gyulia Geiger, an einem Tisch gesessen. Das waren berühmte Leut, Bub! Das Kabarett *Simpl* war ja gleich ums Eck, klar dass die zu uns gekommen sind. Da hab ich dann auch die Oma kennengelernt. Sie ist am Nebentisch gesessen, beim Michl Schwarz, einem Doktor und ganz wichtigem Funktionär der Amateure. Ich hab den Blickkontakt gesucht, einen Blick in diese großen, braunen Augen. A bissl jünger war sie wie ich. Sie saß da in ihrem kniefreien, formlosen ‚Hänger', wie die Mode es damals verlangte. Das Haar war hinten zu kurz geschnitten und reichte vorne übers Kinn. Die komplizierten Damenfrisuren der Belle Époque, der Zeit vor dem Krieg, waren Ziel gepflegten Spotts. Einmal war mir die Unterhaltung mit dem Leopoldi überdrüssig, außerdem hatte der ein Lied über den Rapidler Uridil geschrieben, und ich wagte einen Platzwechsel zu ihr hin. Eine Weile saßen wir still einander gegenüber und beobachteten das Treiben, insbesondere, wie der sehr trinkfeste Amateure-Spieler Herckenwälder, der schon bei einer Tournee in Schweden versprochen hatte, sich nur von Alkohol zu ernähren anstatt von Milch und Saft, wie es der Stürmer Swatosch vorhatte, sich mühsam auf den Beinen hielt, ehe es ihn von den Füßen riss. Er behauptete später steif und fest, das Tanzparkett sei aufgestanden und hätte ihm eine geschmiert.

Die Oma, das war eine gebildete, interessierte Frau. Sie erfreute sich daran, dass es an den Theaterbühnen gerade eine Renaissance des Sprechtheaters gab. Über Hofmannsthals Lustspiel ‚Der Unbestechliche' konnte sie sich stundenlang begeistern. Ein Bekannter von ihr, den sie nur ‚den Horvath' nannte, wollte sich ebenfalls in der Lyrik versuchen. Mit ihm konnte sie sich vortrefflich streiten. Ich hab ihr gesagt, er solle zusehen, dass er zum Lehrkörper eines Städtischen Gymnasiums kommt. Da kann er dann ohne wirtschaftliche Sorgen alt und blöd werden. Ich hörte meist still zu, wenn sie vom Theater erzählte. Ihr Shakespeare war mein Hugo Meisl, ihr Siegfried mein Sindelar, und die gesamte Austria war wie die Natur in Hölderlins Hyperion.

Natürlich mochte auch ich das Theater. Doch auf meiner Bühne agierten 22 Spieler und ihr Werkzeug war nicht der Mund, sondern die gottgegebenen Beine. Einmal hab ich versucht, es ihr zu erklären, wie das so ist, wenn der Rechtsaußen den linken Half überspielt und zentert, wenn der Mittelstürmer den Ball in den leeren Raum vorlegt und der Tormann sich wirft, wenn der Halblinke seine Verteidigung entlastet und das Flügelspiel forciert, wenn der Verteidiger auf der Torlinie rettet, wenn einer unfair rempelt oder eine ritterliche Geste vollführt, wenn der Schiedsrichter gut ist oder schwach, parteiisch oder parteilos. Dass dann für den Zuschauer nichts auf der Welt existiert, außer der Fußball, ob die Sonne scheint, ob's regnet oder schneit. Dass er dann alles vergessen hat.

Sie hat nur den Kopf geschüttelt und gemeint, das müsse sie ‚dem Horvath' erzählen und mir sanft über die Hand gestrichen. So war das", lächelt der Alte scinen Enkel an und sagt dann zum Großen: „So hab ich deine Oma kennengelernt."

Der Alte gibt dem Großen, der schweigend zugehört hat, einen sogenannten Stesser von der Rückbank auf die Schulter. Der Große starrt schweigend auf den Wiener Abendverkehr am Handelskai. „Opa", erwidert er nach ein paar Augenblicken, „du weißt, dass ich die Oma nie kennengelernt hab. Die ist ja …" Er bricht ab. Ein schwieriges Thema. Der Alte redet nicht gern darüber. Außer, wenn er von früher erzählt: Dann verschwimmt manchmal die Gegenwart mit der Vergangenheit, dann macht sich auch in seinen Erinnerungen das Alter bemerkbar. Dann ist der Enkel, der gerade am Steuer sitzt, plötzlich der Sohn, welcher auch immer, der Erstgeborene, der … auch daran denkt der Alte nicht gern.

„Tanzen ist blöd", wirft da plötzlich der Kleine in die allgemeine Stille ein.

„Bub", meint der Alte, „wenn du den Kálmán Konrád und den Sindelar und den Prohaska hättest spielen sehen, würdest das jetzt nicht sagen."

„Trotzdem, warum muss man tanzen?"

„Bub, schau, das ist einfach erklärt. Die Arbeiter, die Hackler, haben was gegen die Studierten und Gscheiten gehabt. Viele haben keine Arbeit gehabt, waren frustriert. Und es war eine Zeit der Gewalt. Die Leute haben sich auf den Straßen geprügelt und im Stadion, die Hackler und die Bürgerlichen. Die wiederum wollten unter sich bleiben, haben geglaubt, sie sind sowas, wie unterm Kaiser der Adel war. Auf der Tribüne hat's da immer wieder Streit gegeben. Kurz nach dem Krieg habens die Leut nicht zu den Spielen gelassen, weil sie sich jedesmal in die Goschn ghaut haben. Und wir Amateure haben halt viel Wert auf unseren bürgerlichen Habitus gelegt und uns von diesen Radaubrüdern distanziert. Und das haben wir als Anhänger auch von den Spielern verlangt. Kein Kampf, sondern Spielwitz! Finesse statt Gewalt. Bewusst anders sein als die Haudraufs aus der Vorstadt. Das zog sich vom Vorstand bis in den Mannschaftskader. Es mag ein Zufall sein, dass an der Spitze der Austria fast immer ein Professor oder Doktor stand. Oder etwa nicht? Denn es war dann auch die Zeit, als die Schickeria den Fußball für sich entdeckte, als sie besagte Finesse und Eleganz und den Spielwitz tatsächlich als künstlerisches Werk anzuerkennen begann. Die Gründe dafür hatten verschiedene Namen: die Brüder Konrád, Alfréd „Spezi" Schaffer und natürlich Matthias Sindelar."

„Ui, von dem hab ich in einem Buch gelesen", strahlt der Kleine. „Der war der Beste, oder Opa?"

Der Opa streicht sich übers Kinn.

„Bub, den Sindelar zu beschreiben, das ist nicht so einfach, aber wir kommen noch dazu. Jedenfalls waren im Jahr 1919, als der Hugo Meisl wieder das Sektionsleiteramt übernommen hat, die Amateure schon fast traditionell erfolglos. Der Meisl ist im *Ring-Café* gesessen, ich bin rein und wollte mir grad die Pester Lloyd und das Tagblatt nehmen, da hör ich ihn schimpfen: ‚Bei unsrer heutigen Ernährung und dem Zustand unsrer Sportmaterialien ist es nicht möglich, eine erstklassige Leistung zu vollbringen.' Der Verein brauchte ein neues Profil. Den Robert Lang, einen verlässlichen, ehemaligen

Spieler hat er dann zum Leiter der Fußballsektion gemacht. Der ist später auch im Vorstand gesessen. Ein Leben für die Austria, sag ich dir, Bub. Die Nazis haben den dann umgebracht, weil er ein Jud war. A Schand, sag ich dir. Jedenfalls: In Wien regierte der englische Kick, mit bulligen Stürmern und rasanten Zweikämpfen. Das gefiel nicht jedem. In der Zeitung habens geschrieben, warum da so ein Tank, gemeint war der Rapidler Uridil, bejubelt wird, einer der dem Ball einen Tritt verpasst. Es geziemt sich nicht, sowas für gut zu befinden.

Der Meisl, das war ein Gescheiter, und wenn's um Fußball geht, wahrscheinlich damals der Gescheiteste in Europa. Er hat den Mitropa-Cup, der später Europacup hieß, erfunden, und den Vorläufer der Europameisterschaft. Und er hatte blendende Kontakte zu allen weiteren wichtigen Fußballpersönlichkeiten, somit auch nach Ungarn. In den Wirren der ungarischen Revolution nach dem Ersten Weltkrieg ist ihm ein Coup gelungen, der die Violetten für immer verändern sollte: Er hat zuerst die Brüder Kálmán und Jenö Konrád vom MTK Budapest zu den Amateuren geholt, drei Jahre später mit Alfréd Schaffer ein weiteres Genie aus Ungarn. Bub, was soll ich dir sagen: Waren bislang Kampf, Einsatz, Kraft und der Longpass in die Spitze die Leitidee im Fußball, so haben die Ungarn angefangen, die Gegner verrückt zu scheiberln! Was war der Kálmán Konrád für ein Spieler, ein Tänzer, ein Virtuose, ein Mann mit sieben Sinnen und zwanzig Beinen. Vergleichbares hat man davor in Wien nicht gesehen, und der Hussak wurde noch immer in Russland vermisst. Ich kann mich noch gut an eines seiner ersten Spiele für die Amateure erinnern, damals gegen Simmering. 10:1 haben wir die vom Platz geputzt, der Konrád hat fünf Tore geschossen. Und in seinem allerersten Meisterschaftsspiel, das war gleich ein Derby gegen Rapid, hat er uns zum 2:1-Sieg geführt. Unterm Meisl haben wir 1921 schon eine sensationelle Saison gespielt, nur das Torverhältnis hat für Rapid gesprochen. Dafür haben wir dann erstmals den Cöp gewonnen. Was das bedeutet, Bub, wirst in der Geschichte noch sehen. 1922 ist dann auch der Alfréd ‚Spezi' Schaffer zu den Violetten gestoßen. Das haben uns alle geneidet. Die Konrád-Brüder und Schaffer zogen ein raffiniertes Kurzpassspiel auf, wie es bis dahin in Wien noch keiner gesehen hatte. Und am Ende warens meistens der Schaffer-Spezi, der Ferdl Swatosch – selbst grad erst aus der Gefangenschaft heimgekehrt – oder der Guggi Wieser, die den Ball ins Goal drückten. Sagenhaft, Bub! Der Guggi war dreimal hintereinander Schützenkönig. Und 1924 war's dann soweit, da haben wir endlich den ersten Championat geholt. Gefeiert haben wir dann aber erst eine Woche später im Rathauskeller, denn davor haben wir noch im Finale gegen Slovan um den Cöp spielen müssen. Was für ein Spiel! 1:3 und 2:4 waren wir hinten. Es hat an dem Tag so stark geregnet, dass der Elferpunkt zweimal weggewaschen worden ist. Da musste man erst nachmessen. In der letzten Minute hat der Swatosch den Ausgleich erzielt, im Nachspiel haben wir 8:6 gewonnen! Das erste Double, das hat vor uns nur Rapid geschafft. Jetzt haben sogar die größten Neider Respekt gezollt. Weißt, was sie gesagt haben, Bub? Na, will ich dir erzählen! Es wäre der unpopulärste Championat gewesen, den je eine Mannschaft erreicht hätte, aber zugleich auch der verdienteste. Denn die Amateure wären wirklich die beste Mannschaft Wiens, und so sehr das Publikum a Aversion gegen uns gehabt hätt, also gegen den Verein, die Spieler wären ausnahmslos hohe Klasse und weit verdienstvoller als ihr Ruf. Und aus dieser Schar hat einer besonders hervorgestochen: Alfréd Spezi Schaffer."

Der Alte lehnt sich im Wagen zurück und atmet tief ein. Ja, was war der Spezi für ein Fußballer gewesen. Sowas findest heute nicht mehr. Ein Wandervogel war er. Hat, nachdem er in Ungarn war, in Prag gespielt, bei den Deutschen, dann bei der Austria, dann wieder in Deutschland, wieder zurück zur Austria. Gehasst habens ihn, wer kein Violetter war.

„Sie haben uns alle gehasst, das hab ich eh schon erzählt. Aber ganz besonders den Spezi. Und schuld waren die Schmieranski von der Arbeiter-Zeitung, die gibt's heute nicht mehr, aber damals war das ein Blatt mit einer großen Leserschaft. Aber die Amateure, und später die Austria, habens gehasst, weil's ein bürgerlicher Verein war.

Aber zurück zum Spezi. Ein Berg von einem Mann, satte 95 Kilo hat der auf die Waage gebracht. Die hat er im Kaffeehaus auch tüchtig rauftrainiert. ‚Fußballkönig' habens ihn genannt. Aber das war ohne Wertschätzung. Weil's die Zeitung so gedreht hat, dass er sich den Namen selber gegeben hätt. Was ein Blödsinn war. Der Spezi, ein Schlitzohr war er, aber ein liebenswertes. Nachdem wir 1924 endlich Meister geworden waren und auch den Cöp für uns entschieden hatten, haben sogar die größten Neider die Größe vom Spezi anerkannt. Denn erst dieser Vollblutfußballer hat die Amateure in der Zeit auf die Höhe gebracht."

„Aber wenn er so gut war, warum habens ihn dann nicht mögen?" fragt der Kleine.

Der Alte lächelt wissend. „Weil, Bub, der Mensch nix mag, was er nicht kennt, und der Wiener am allerwenigsten. Der Spezi war der bestgehasste Spieler bei den Bürgerlichen, obwohl er selbst bei einem bürgerlichen Verein gespielt hat. Weil der Spezi damals schon erkannt hat, dass der Fußball ein Geschäft ist. Und warum soll man sich von etwas, das man gut kann und das dem Menschen Freude bringt und ihn Eintritt für ein Stadion zahlen lässt, nicht auch den Unterhalt besorgen lassen? Ich hab zwischenzeitlich über den Leopold Schönbauer, den ich als Arzt noch von der Ostfront in Galizien aus dem Krieg kannte, dem Stadtrat Tandler bei juristischen Fragen wegen seinem Kinderspital geholfen (nicht ohne Hintergedanken, war die Elisabeth doch guter Hoffnung) und war am Weg ins Rathaus, als ich den Schaffer im *Griensteidl* sitzen seh. Zum Apfelstrudel der große Mokka, vor sich mehrere Zeitungen aufgeblättert. Ich denk mir, ich schau kurz rein auf ein ‚Servus'. Der Spezi schaut mich an und sagt: ‚Ich versteh's nicht. Was habens denn alle gegen mich?' Seine breiten Schultern hingen traurig runter, irgendwie hab ich das Bedürfnis gehabt, ihn, diesen Koloss aus Budapest, in den Arm zu nehmen. Der Spezi hat Mut gehabt, musst du wissen, Bub. Er sagt zu mir: ‚Warum hab ich, der ich ein anständiger Mensch bin, nicht das Recht, von was zu leben, was ich gut kann?' Die Berufsfußballer hatten einen schlechten Ruf. Gierig, unfair, auf ihren Vorteil bedacht. Der Schaffer war aber anders, als diese ‚Immerfestedruffs', wie sie in der Zeitung genannt wurden. Die Uridils, Brandstätters, Powolnys, an deren Rasanz und blindwütiger Dreinfahrerei der Wiener sich oft begeistert hat. Der Spezi hat bewiesen, dass der Fußballsport, wenn man ihn versteht, mehr Spiel als Kampf ist. Ein langsamer, aber bedachter Schritt vom Schaffer war oft mehr wert als ein Dutzend Sturmläufe von der Lauf-und-Kampf-Brigade. Und weils dem Schaffer in punkto Fußballkunst nichts anhaben konnten, habens ihn halt kompromittiert.

‚Schau dir das an', hat der Spezi damals im *Griensteidl* geschnauft und mir die Zeitung unter die Nase gehalten. ‚Fußballkönig. So nenn ich mich angeblich selbst.' Ich sag dir was, Bub, das Gift der

Infamie ist was Schändliches. Vor allem beim einzigen Professional, der ein Gentleman geblieben ist. Fast hättens die Schmieranskis geschafft, dass der Spezi Wien verlässt. Ein Jahr hat er sich's dann noch mal angetan, aber dann ist wieder nach München. 1929 wollte er dann nochmal nach Wien und die Austria hat sich an den großartigen Sportsmann erinnert. Zudem waren wir sportlich eh schon wieder in der Scheißgasse, das war nicht zum Anschauen.

Der Michl Schwarz, der große Funktionär, hat mich damals mit aufs Telegrafenamt geschickt, damit auch alles formell seine Richtigkeit hat, wenns den Spezi zurückholen. Der Spezi hat telegrafiert: ‚Komme mit tausend Freuden – stop – Monatsgage 2000 Schilling.' Ich bin schnell zum Schwarz zurück ins *Dom-Café.* Der hat mich angeschaut und diktiert: ‚Schreibens auf: ‚Komme mit 2000 Freuden – stop – Monatsgage 1000 Schilling.' Der Spezi ist trotzdem gekommen, auch wenn für seine Verhältnisse die Gage ein besseres Butterbrot war. Damals lag die durchschnittliche Monatsgage eines Fußballers bei etwa 300 Schilling, aber der Spezi war halt auch schon 36 Jahre alt und das Gastspiel war nur kurz. Dafür war's fein, mit ihm wieder im Kaffeehaus zu sitzen, wo er trotz aller Bescheidenheit gern den Alleinunterhalter gab, ohne aufs Essen und Trinken zu verzichten. Der Schaffer war bescheiden und liebenswürdig und hat im Kaffeehaus auch mal die Rechnung übernommen. Er hat es sich anfangs auch leisten können, hat er doch gut und gerne 25 Millionen Kronen Gage bekommen. Und das, Bub, war in einer Zeit, wo Geld nicht auf der Straße gelegen ist, sehr viel.

Ich hab dem damaligen Stadtrat bei seinen Gemeindebauplänen geholfen als Justiz-Rat, hab seinen Sekretär noch aus dem Krieg gekannt. Gewohnt hab ich weiter in der Wohnung von den Eltern, in der Hetzgasse im Dritten. Weißt Bub, damals gab's unter den Sozis, die Bürgermeister waren wie der Karl Seitz und davor eben der Reumann, sowas wie einen Zielkatalog. Vor allem der aus Steuermitteln finanzierte soziale Wohnbau gehörte dazu, das was wir als Gemeindebau kennen. Aber das Geld war halt schnell nix mehr wert. Für eine Milliarde Kronen hast am Vormittag noch ein Laib Brot bekommen und zu Mittag hast schon damit einheizen können. Einmal hab ich den Karl ‚Vogerl' Geyer gesehen, einen unserer besten Verteidiger, wie er mit der Scheibtruhe einkaufen fuhr. Der war Eisenbahner von Beruf, da ist die Marie net unbedingt gerollt bei denen. Der Kálmán Konrád hat in Budapest an der Börse gearbeitet, das hat ihm der Meisl, der ja selber bei der Bank gearbeitet hat, auch in Wien wieder verschafft. Das war damals aber eine kostspielige Investition. Seinen Bruder Jenö brachte der Meisl bei sich in der Bank unter. Der großartige Dribbler Wilhelm Morocutti, den alle nur ‚Cutti' gerufen haben, ein ganz feiner Kicker, hat ein Labor gehabt, der war Zahntechniker. Nur 56 Kilo schwer, machte der kleine Wieselflinke immer das Naheliegendste und Gescheiteste. Was haben wir uns oft um den kleinen Cutti gesorgt, aber die gängige Meinung war: ‚Wenn das Fliegengewicht fallt, dann tut er sich wenigstens net weh.' Der Köck war Diplomingenieur und der Kurz hat am Konservatorium Musik studiert. Der Xandl Popovich hat das Hobby zum Beruf gemacht und hat als Geschäftsführer einen Sportartikelladen gehabt. Bub, was bei dem immer die Frauen geschaut haben? Die Hosen bei den Spielern gingen ja damals noch über die Knie, nur der ‚Popperl' hat so kurze gehabt, dass man viel von seinen starken Oberschenkeln gesehen hat. Da hat sich sogar mal die Zeitung beschwert. ‚Heiße Höschen' hat's der Popperl selber genannt. ‚Kurz und eng müssens sein', hat er mir und dem Richard Soukop, dem berühmten Journalist vom Tagblatt, unter schallendem Gelächter damals bei der Feier im Rathauskeller erzählt. Der Soukop hat dann geschrieben – wohlwissend, dass der Popperl einer der besten seiner Zunft war und nicht zu Unrecht mit 53 Match auch Rekordteamspieler von der Nationalmannschaft –, also jedenfalls hat er in der ihm eigenen Manier geschrieben: ‚Es ist traurig, aber wahr. Wenn man den Namen Popovich ausspricht, denk man in erster Linie an den selbstgefälligen, nicht an den guten Spieler. Gut, er hat famose Schenkel, um die ihn jeder Ringer beneiden könnte. Aber muss man sie deswegen so panoptikumartig zur Schau stellen? Müssen die armen Hosen derart hochgezogen sein, dass sie gezwungen sind, bei jedem Knick auseinandergehen zu drohen.' Was hat der Popperl gelacht, als er das später im Tagblatt gelesen hat. Er war ein ungewöhnlicher Zeitgenosse. Viel gereist, belesen und somit vielen Spielern ein Dorn im Auge, die ‚nur' Fußballer waren. Der Popperl hat ein Talent in allen Sportarten gehabt. Der war gut im Eishockey, konnte für einen Wiener ausgezeichnet Skifahren und die Ballsportarten waren ihm selbstredend allesamt nicht fremd.

Der Guggi Wieser, bevor er zu den Amateuren kam, hat sich in Deutschland bei Würzburg ein gutgehendes Zigarrengeschäft aufgemacht, von dem er einträglich leben konnte. Der Spezi Schaffer hat nicht arbeiten müssen, der hat sich zusätzlich zu seiner dicken Gage ein Zubrot verdient: Er hat gewettet. Und zwar auf sich selbst. Gegen die Favoritner Hertha, da hat's Match noch nicht mal angefangen, lauft er vorher zur Ehrentribüne. Da sind die Gönner und die Gstopften gesessen. Der Schaffer schaut rauf und sagt: ‚Ich wette, ich schieße gleich das erste Tor!' Natürlich haben ein paar dagegengesetzt und keine fünf Minuten später hat der Spezi tatsächlich das 1:0 gemacht. Professionals warens damals noch nicht, auch wenn's mehr Scheinamateurismus war. Oftmals hat man sich die Vergütungen, die es für einen Sieg gegeben hat, dann doch als Bargeld abgeholt. Als dann 1925 der Schilling gekommen ist, hat das zwar die Wirtschaft stabilisiert, aber die Vereine konnten Gagen wie fürn Spezi Schaffer nicht mehr zahlen und wandelten stets knapp am Ruin, auch die Austria.

Jedenfalls, solche Wetten hat der Spezi öfter gemacht und nicht selten hat der Herr auf der Ehrentribüne nach dem Match das Börserl zücken müssen. Das 3:1 am Ende dieses besagten Kicks – es war, glaub ich, das vorletzte Match vor unserm ersten Championat – und die Wetten, mit denen sich der Schaffer im Kaffeehaus sein Kampfgewicht von 95 Kilo erhalten hat, waren an dem Tag gar nicht das Spannendste. Bei der Hertha hat nämlich damals einer gekickt, der sollte später sogar den Kálmán Konrád in den Schatten stellen. Sindi und Motzl habens ihn gerufen, den jungen Sindelar."

„Hui, ja, Opapa, erzähl vom Sindelar!", werden die Augen des Kleinen auf einmal groß. „Du hast ihn ja spielen gesehen, gelt?"

Der Blick des Alten ist nicht ohne Stolz. Ja, er hatte den großen Sindelar spielen gesehen. Aber konnte man das überhaupt Spielen nennen, was der Sindelar am Feld gemacht hat? Kann man das, was Sindelar für die Austria bedeutet, eigentlich in Worte fassen? Nur wenige Spieler wirken Generationen über ihre Zeit hinaus wie er. Ohne Sindelar hätte es nie die schöne Austria gegeben und nie den Mythos von der schönen Austria, der sich bis heute hält und dem die Austria eigentlich verpflichtet ist, auf Gedeih und Verderb. Ohne Sindelar hätte es kein Wunderteam gegeben. Jeder Fußballfreund, der einen Fußballer wie den Sindelar noch spielen sehen durfte, kann sich glücklich schätzen. Bub, ich krieg heut noch Gänsehaut, wenn ich an den Sindelar denk. Aber wo anfangen?

„Vielleicht", lächelt der Alte, „glaubst mir, dass ich den Sindelar entdeckt hab?"

Während der Kleine große Augen bekommt, verreißt der Große fast das Lenkrad, so dass sie um ein Haar unter der Reichsbrücke in die Donau fahren. „Opa, jetzt erzähl ihm kein Gschichtl!", schimpft er, während er den laut hupenden Verkehrsteilnehmer hinter sich mit dem Götzzitat würdigt.

„Glaubst mir's halt nicht", schimpft der Alte, „aber so war es."

Ein trauriger Tag war das gewesen.

„Was wissen denn die Buben von heute. Vorm Fernseher sitzens, auf keine Wiesen gehens mehr, Gassenmannschaften hab ich schon lang keine mehr gesehen. Aber ja, für sowas war Wien früher berühmt! Und bei sowas hab ich den Sindelar das erste Mal gesehen, Bub, ich hab aber net gewusst, wer das ist. Ich hab grad die Gretl am Zentralfriedhof begraben, die ist ja an der Spanischen Grippe gestorben, das war im Frühjahr 1918. Gott und die Welt hab ich damals gehasst bis aufs Blut. Ich bin ziellos umhergewandert, als mich plötzlich einer auf die Schulter klopft. War's der alte Febus! Den alten Hertha-Funktionär, den Hans Febus, ein begeisterter Läufer war das, den hab ich noch gekannt, der hat früher beim Vater im Geschäft oft einkaufen. Na jedenfalls, der Febus war bei der Hertha, das war einer der besten Fußballklubs in Favoriten. Ich treff also den Febus zufällig vorm Eingang zum Hertha-Platz in Favoriten, im Schlepptau hat er gehabt eine ganze Jugendmannschaft von der Hertha. Das war ein Stich ins Herz. Ich hab grad Frau samt ungeborenem Kind begraben und mir lauft eine Schar Buben entgegen. Der Febus schaut mich an und sagt: ‚Bub was is mit dir?' Ich erzähl ihm halt die ganze Geschichte. ‚Komm setzen wir uns', sagt der Febus und ich klag ihm mein Leid, als mir ein Ball plötzlich gegen den Schädel pumpert. Ich spring auf und schimpf den Schuldigen was einen Rotzbub, einen Lauser, ein Würschtl. Ein Blondschopf war's, ein schmächtiges kleines Ding, vielleicht vierzehn oder fünfzehn Jahr. ‚Tschuldign', sagt er. Ich will ihm noch eine reinhaun, aber der Febus hält mich zurück. Habens da auf dem Hertha-Platz, wo der Febus und ich gesessen sind, ein paar Burschen Fußball gespielt. Ich schau den Febus an und sag, Febus, heut kann mich net mal der Fußball glücklich machen.

Weißt, von früh bis spät hab ich an den Ball gedacht. Geträumt, mit dem Fetzenlaberl auch im Bett geschlafen, bis die Mutter irgendwann die Strümpf vermisst hat. Aber heut nicht, heut nicht. Was soll aus dem Fußball werden? Schau dir an meine Amateure? Der Kantor. Tot. Der Gfäll. Tot. Der Bican-Rudi. Tot. Klär. Tot. Metzl, Kölbl, sogar der Percy Lowe, der Taub, der Bauer, der Wolfram, der Hussak (damals wusste ich noch nicht, dass er aus der Gefangenschaft zurückkehren sollte), meine Frau, mein Kind, alle hat er geholt, den sie Freund Hein nennen. Was will das Leben, was will die Welt denn noch von mir, oder was will ich denn noch vom Leben? Gott gibt's keinen, das weiß ich jetzt. Aber der Teufel, der ist leibhaftig. Den hab ich gesehen. In jedem Russ, in jedem Serb, in jedem Katzlmocher. In jedem von uns. Es gibt kein Glück mehr auf der Welt, Febus!

Der alte Febus hat sich das schweigend angehört. Hat sogar geweint, bis ich mitn Plärren aufgehört hab. Dann lehnt er sich auf der Bank zurück. Dann klopft er mir auf die Schulter, nimmt mir das verweinte Gesicht aus den Händen und sagt: ‚Schau mal auf den Platz.' Ich hab durch die Tränen in den Augen und mit den Bildern von der Gretl mit den violetten Bandln im Haar in meinem Kopf am Anfang nichts gesehen. Ich wisch mir also mit meinem verhassten feldgrauen Rockzipfel übers Gesicht und schau den Buben beim Kick zu. Irgendwann hätte das meiner sein können, sag ich und die Tränen kommen zurück. ‚Ja', sagt der alte Febus zu mir, ‚das wird's vielleicht wieder einmal. Aber jetzt schau mal genau auf den kleinen Blondschopf, den du vorher Lauser und Rotzbub geschimpft hast.' Ich seh also diesen schmächtigen Buben, kaum die Hälfte von den anderen. Dünn, meine Herrschaften, dünn ist der Bub, da ist am Fetzenlaberl, das er grad am Fuße führt, ja mehr dran als an ihm. Oje, da kommt schon ein robuster Läufer angespurtet. Buberl, jetzt fliegst um die Erd, denk ich mir. Aber ins Leere gesaust ist der Läufer! Mit einer flinken Bewegung hat er den Großen aussteigen lassen. Und da noch einen! Und noch einen! Die absonderlichsten Tricks vollführt der Bub! Dann noch den Goalmann – und schießt ein. Dann jongliert er das Laberl noch ein paar Mal am Rist, lässt ihn vom einen auf den anderen Fuß überspringen und lauft wieder zurück. Der hat Gefühl, der hat Feinheit in den Beinen. Und eine Freud. Ja, Bub, du weißt noch nix vom Leben. Du hast leicht a Freud haben. ‚Das', sagt dann der alte Febus zu mir, ‚das ist der Matej Sindelar. Jetzt nennens ihn Matthias. Oder Sindi, oder Motzl.' Der Bub von der Maria, die in der Quellenstraße die Wäscherei hat?, frag ich den Febus, der das bestätigt. ‚Lass dir was von dem kleinen Motzl erzählen, mein lieber Freund', sagte er und steckt die Hände in die Manteltaschen. ‚Der kleine Sindelar ist ein Ziegelböhm.'"

„Ein was?", unterbricht da der Kleine.

Der Alte schreckt hoch aus seiner Erinnerung und aus dem Erzählstrom und erklärt: „Ziegelböhmen, so nannten wir die tschechoslowakischen Zuwanderer, die in Favoriten gewohnt haben. Und weil die meisten in der alten Ziegelei gearbeitet haben, nannten wir sie eben Ziegelböhmen."

„Böhmen und die Tschechoslowakei gibt's nimmer, Opa", unterbricht der Große.

„Geh, was interessiert mich jetzt die Politik", winkt der Alte ab.

„Also, was war mit dem Sindelar?", fragt der Kleine.

„Nun, der alte Febus erzählt mir damals weiter: ‚Die sind vor etwa zehn Jahr hergezogen. Der Motzl mit zwei Schwestern. Jetzt ist die Maria wieder guter Hoffnung, soweit ich weiß. Der Motzl ist in der Schul a bissl hinten nach, jetzt macht er grad eine Lehre zum Autoschlosser. Sein Lehrer in der Schwabenschul, der Karl Weimann – du kennst ihn, der hat früher beim SC Rudolfshügel gespielt – hat bei ihm aber ein anderes Talent erkannt. Den Fußball. Und jetzt schau dir den Buben nochmal genau an', sagt der alte Febus. Ich schau hin und seh noch immer einen viel zu dünnen Buben, dennoch wieselflink, der die großen schwindlig spielt, dass sie sich noch drei Tag ausdrehen werden müssen. Ein Bub, der sich des Lebens, der sich am Fußball erfreut, in der bis dahin dunkelsten Stunde unserer Zeit. Der Febus schaut mich abwartend an. Als er merkt, dass ich es nicht versteh, beugt er sich vor und sagt: ‚Vor ein paar Monat ist dem Motzl sein Vater am Isonzo gefallen.'

Ich bin dagesessen und hab verstanden. Der Bub war allein. Mit einer Mutter, die noch zwei, bald drei Kinder versorgen musste, mit einer Wäscherei in der ärmsten Gegend von Wien. Der Vater war tot. Der Vater wird nie wiederkommen, genauso wie auch die Gretl nicht mehr wiederkommen wird. ‚Der Bub', sagt der alte Febus, ‚wird nie das Vorrecht der Jugend in Anspruch nehmen dürfen, unbesorgt andere für sich sorgen zu lassen. Der Motzl weiß jetzt schon, was der Kampf ums Leben bedeutet, bevor er weiß, was das Leben ist.' Ich saß da und schaute dem kleinen Sindelar zu. Ich erkannte später, wie ihn das Leben in diesem Bezirk und der frühe Verlust des Ernährers geprägt hat. Er lernte frühzeitig, Hindernisse und Schwierigkeiten nicht zu überwinden, sondern zu umgehen, und diese Taktik vollführte er später auch bei der Austria. Und so war's denn auch an mir, Hindernisse zu umgehen, wenn auch in etwas anderer Art.

Nur kurz nach unserem Gespräch hat der alte Febus den Sindelar bei der Hertha in der Jugendabteilung angemeldet. Am 26. Mai 1918 war's, da begann die Fußballkarriere des kleinen, schmächtigen Blondschopfs von der Favoritner Gstetten."

„Favoriten", unterbricht der Kleine. „Aber das ist ja da, wo die Austria jetzt spielt, am Horr-Platz."

„Das ist richtig, Bub. Der Sindelar war ein Junge aus Favoriten, bevor es die Austria gab", lächelt der Alte.

„Dafür sind wir jetzt aber alle Jungs aus Favoriten", lacht der Kleine verrückt.

„Und violett ist unser Team", setzt da plötzlich der Große vom Fahrersitz mit ein und der Kleine lacht noch lauter.

„In Favoriten aufwachsen, das war damals kein leichtes Leben", sagt der Alte.

„Ist es eh heut auch nicht", wirft der Große ein. „Du weißt, wie's dem Papa ergangen ist."

„Halt den Mund", fährt der Alte den Großen an. Niemand muss ihm von seinem zweiten Kind erzählen, und davon, was mit ihm passiert ist. Das würde er schon nicht vergessen, die Nacht, wie ihn die Polizei angerufen hat und gesagt, er solle am Südbahnhof kommen, nein, das hat er nicht vergessen.

Still ist es im Auto geworden. Im Halbsekundentakt scheint das Licht der Straßenlaternen in den Ford. Die Blicke des Alten und des Großen sind eisig, die Augen glasig. Der Kleine aber will wieder vergnügt sein und sagt: „Opapa, aber mitn Sindelar ist die Austria dann gut geworden, oder?"

Die Miene des Alten hellt sich auf. Ja, lass uns wieder vom Sindelar reden.

„Also, wie der in Favoriten aufgewachsen ist, da war das eine sehr arme Gegend. Da haben viele Tschechen gewohnt und tschechisch war mehr oder weniger die Amtssprache von Favoriten. Als wir junge Burschen waren, haben wir uns immer über deren Deutsch, das kein Dativ-M kannte, lustig gemacht. Ein Kabarettist, ich glaub der Grünbaum war's, wollte darüber sogar seinen Doktor machen. Zumindest, wenn man dem alten Torberg in der *Tante Jolesch* glaubt, so wollte der blitzgescheite, profund gebildete Meisterconferencier Fritz Grünbaum eine Dissertationsarbeit schreiben ‚Über die mährische Abneigung gegen das Dativ-M' und konstruierte den Mustersatz: An liebsten sitz ich in Kaffeehaus. Wir haben darüber gelacht. Und den Grünbaum, den haben dann auch die Nazis umgebracht. A Schand war das.

Als sich die Geschichten, dass der Sindelar zu uns wechseln sollte, verdichtet haben, hab ich das bissl aus den Augen verloren. Die Elisabeth war guter Hoffnung und irgendwo muss man Geld für Kind und Kegel herbekommen.

Es hat noch ein paar Jahre gedauert, aber als der Sindelar dann im September 1924 zu uns gekommen ist, da hat schon ganz Wien über ihn geredet, über den kleinen Böhmen, der eigentlich aus Mähren war, in Iglau bei Kozlau geboren. 3.000 Schilling wollte die Hertha von der Austria, weil die Deppen einen riesigen Sportplatz gebaut hatten und jetzt kein Geld mehr gehabt haben. Der Schwarz und der Lang, gewiefte Verhandler, haben gesagt, nein, 3.000 nur, wenn wir den Schneider, den Sevcik und den Reiterer auch noch bekommen. Und die Hertha hat auf das Geschäft eingehen müssen. Eine Knieverletzung hat er gehabt, aber die hat ihm der Dr. Spitzy dann gerichtet, auch als sie wieder akut geworden ist. Bei den Violetten haben der Kálmán Konrád, damals schon Spielführer, und der Spezi Schaffer sich gleich um den Motzl gekümmert. Der Kálmán Konrád hat immer nach dem Motto gespielt: Tore niemals mit Gewalt schießen. Herrschaftszeiten, Bub, was uns das manchmal Nerven gekostet hat, wenn die Austria ein Goal wieder besonders schön machen wollte. Die Perückenmeister in Wien haben mit den Schlachtenbummlern von den Amateuren ein Riesengeschäft gemacht, weil die sich pausenlos die Haare ausgerissen haben vor Ärger. Das war die Austria. Empfindlich, oft launisch, aber unerreicht, wenn es lief.

Bei seinem ersten Spiel für die Austria habens ihn ausgepfiffen. Das war ein Freundschaftsspiel gegen den Deutschen Fußball-Club aus Prag. Bub, was hat der schlecht gespielt. Der Ball ist ihm versprungen, die Deutschtschechen haben ihn ein paar Mal aus die Bock getreten, dass es eine Freud war. Plötzlich ruft einer von den Unseren: ‚Was willst mit dem Papierenen?' Der Name ist ihm geblieben, obwohl der Cutti damals noch viel kleiner uns schmächtiger war als der Sindelar. Der ‚Papierene' blieb sein Markenname, so wie sich der schnauzbärtige Georgier in Moskau ‚Stalin' genannt hat. So hat's zumindest kürzlich der Walter Sturm vom Favoritner Bezirksmuseum trefflich formuliert.

Zur Pause hat ihn also der Konrád rausgenommen. Am Nachhausweg haben wir gerätselt, wie das mit dem Sindelar werden soll. ‚Wenigstens haben wir noch den Wieser und den Schaffer', war die gängige Meinung. ‚Ja, was sollen wir mit der Novemberfliegen?' hat einer gar geschimpft."

„Novemberfliege?", fragt der Kleine verwundert.

Der Alte muss wieder lachen. Ja, wie sich die Sprache verändert hat. Du fragst mich was eine Novemberfliegen ist und ich versteh bis heut nicht, warum bei euch alles „cool" ist. Aber wir sind ja nicht der Karl Kraus, der sich um die Verrohung der Sprache sorgt.

Der Alte räuspert sich also und erklärt: „Jemand damals eine Novemberfliegen nennen, das war so ziemlich das Hinterfotzigste, was man nach dem Krieg, an dem alle Hunger gelitten haben, sagen konnte. Dass einer Fliege die kalte Jahreszeit nicht gut bekommt, ist ja hinlänglich bekannt. Wenn man also jemanden beispielsweise eine Oktoberfliege genannt hat, dann war der Betroffene schon sehr unkoordiniert auf den Beinen und nahe an der Manövrierunfähigkeit. Die Novemberfliege war aber quasi das Endstadium, eine lebende Leich, wenn man so will.

Und dann war da auch noch der Umstand, dass der Motzl ein Favoritner war und keiner aus der Pratergegend. Und er ist sein Leben lang einer geblieben. Das haben ihm die Favoritner auch immer hoch angerechnet. Als der Swatosch Ferdl, der ja aus Simmering stammt, bei uns gespielt hat und einmal in seinem alten Bezirk ins Kaffeehaus gegangen ist, hat er zuerst ein paar Watschen gekriegt von den Hiesigen. Weißt Bub, damals war's mit dem Wechseln über Bezirksgrenzen hinaus noch immer net so gern gesehen. Es hat sich bald gelegt, aber aufpassen hast trotzdem müssen. Noch dazu wennst aus einem Arbeiterbezirk plötzlich ins bürgerliche Hietzing gewechselt bist. Aber weder die Pflanzerei noch die Herkunft haben dem Sindelar geschadet. Kálmán Konrád hatte den Motzl liebgewonnen und machte ihn mit allen Schlichen und Winkelzügen der Taktik vertraut. Von Kálmán Konrád erbte Sindelar die ausgefeilte Technik, das Scheiberln, ein vom schottischen Kurzpassspiel inspiriertes, schnelles Kombinationsspiel. Vom Schaffer Spezi lernte er das Goals Schießen und den Schmäh. Also hat der Sindelar mit dem Konrád und dem Schaffer und auf Funktionärsebene mit dem Michl Schwarz Gönner gehabt, die einen Narren an ihm gefressen hatten. Beim Michl Schwarz war ich manchmal in der Praxis in der Wollzeile. Meiner Seel, was war das für ein Mensch. Brutal als Arzt und entwaffnend ehrlich. Zum Sesta-Karli, der später auch bei der Austria gespielt hat, hat er mal kurz vor einer seiner berüchtigten Behandlungen gesagt, er soll ins Kissen beißen, damit die Leut im Warteraum ihn net schreien hören.

Ich geh also zum Michl rein, das muss Anfang der 1930er Jahre gewesen sein, weil er war dann schon Präsident. Ich hab's selbst grad mit dem Ischias gehabt. Wie üblich haben wir vor der Behandlung über die Austria geredet. Es war wieder so eine Zeit, wo wir einmal der Gigl, einmal der Gogl waren. Gewinnst gegen die Admira, aber leerst eine Woche später gegen Blinde wie den Floridsdorfer AC oder die Slovan aus. Ich sag zum Schwarz, manchmal hab ich das Gefühl, man könnt sich gegen so robuste Mannschaften schon a bissl mehr wehren. Schauns ihnen an, einen Smistik von der Rapid oder Jiszda von der Admira. Da muss man gegenhalten. Gelacht hat er, der Schwarz, und sagt dann zu mir: ‚Glaubens net, grad vorhin hab ich Gespräch gehabt mit dem Sindelar. Und, meine Rede, sag ich ihm, man sollt vielleicht ab und zu ein bissl hineinsteigen. Wissens, was der Sindelar gesagt hat? Zuerst mal nix, und plötzlich meint er: ‚Herr Doktor, auf die Dauer kann man mit dem Einegehn allein nix gewinnen. Gegen Wedeln geht's ja noch, aber gegen Klasseleut muss man auch spielen können. Man muss den Gegner matt setzen wie beim Schach.' Glaubens net, oder? So, und jetzt schaun wir uns ihren Ischias an. Beißens mal ins Kissen …'

So war der Schwarz. Dem wir es ja auch mitzuverdanken haben, dass die Austria jetzt Austria und nimmer Amateure heißt. Das war im 1926er Jahr. Der Hugo Meisl, mittlerweile wieder Teamchef und Verbandsboss im Fußballbund, hat endlich den Professionalismus durchgesetzt und da hat der Name Amateure halt auch nimmer wirklich gepasst. Und sein wir uns ehrlich: Was wir Spieler mit hohen Gagen geholt haben, statt dass wir sie selber ausbilden, hat man seit dem Krieg nicht mehr wirklich von Amateuren reden können. Den Geyer vom WAC geholt, den Lohrmann aus Deutschland oder eben den Sindelar von der Hertha. Den hat der Schwarz nach der Meniskus-OP ein halbes Jahr auf den Semmering zur Erholung geschickt. Die Kosten hat der Verein getragen. Wir konnten uns das leisten und das hat endlich auch mal zum Erfolg geführt. Bub, ich kann dir vom Meisterjahr 1926 gar nicht genug vorschwärmen. Der Kálmán Konrád hat ein letztes Mal sein ganzes Können aufgeboten, dass es eine Freude war. Und apropos Freude: Was wir mit den Hütteldorfern in der Saison für einen Spaß gehabt haben – herrlich, sag ich dir. Wir haben von Anfang an alles im Griff gehabt. Endlich mal Violette, die sich keine Umfaller leisten. Euphorisch waren wir bei jedem Match, konnten unseren Augen net trauen, dabei habens uns mit der Niederlage gegen die schwindligen FAC fast wieder in die Realität zurückgeholt. Aber es sollte bis zum Frühjahr die einzige Niederlage bleiben. Sind das wirklich unsere Amateure? Die Unzuverlässigen, deren Leistung sich wie ein Fahndl im Wind dreht? Sowas gab's ja gar net. Ungeschlagen sind wir ins erste Derby gegangen. Und dann haben der Guggi Wieser und der Kálmán Konrád ein Match gemacht, als hättens es daheim aufgezogen. Sogar in der Zeitung habens geschrieben, dass man so eine Leistung schon viele Jahre net gesehen hat. Zwei Goals hat der Guggi Wieser gemacht, zwei der Hierländer und eins der selige Mlnarik. 5:1 haben wir die Rapidler aus der Ober-Sankt-Veit geschossen. Ein paar Meter weiter von mir ist damals der Verbandskapitän, wie wir damals den Teamchef genannt haben, gestanden und hat vor Wut in seinen Hut gebissen.

‚Als ob er's zfleiß tät, das Gfrast!', hat er gerufen. Ich war a bissl verwundert, geh hin zu ihm und frag: Tschuldigen, Herr Meisl, aber sie als ehemaliger Sektionsleiter der Amateure, sie freun sich gar net? Was schimpfens denn so? Der Meisl, noch immer mit rotem Kopf und die Delle in seinem Hut betrachtend, schäumt noch immer und sagt: ‚Na, wegen dem Wieser! Da stell ich ihn gegen die Schweiz net auf, weil ich mir denk, der hat keine Form, und dann macht der da so sein Spiel! Als ob er's mir zfleiß tun möchte.' Ich hab innerlich a bissl lachen müssen. Der Guggi war dreimal in Folge Schützenkönig und auch eine fixe Größe in der Nationalauswahl. Jetzt hat ihn der Meisl net aufgestellt und gegen die Schweiz in Bern 0:2 verloren. ‚Als ob er's mir zfleiß tun möchte' hab ich den Meisl nochmal schimpfen gehört, im Frühjahr. Da ist dann auch der Sindelar von der Kur zurückgekehrt, aber der hat sich schwergetan. Zum Glück waren der Guggi, der Kálmán Konrád und der Viktor Hierländer weiter in Hochform. Nicht zu vergessen der Teddy Lohrmann, die Urgewalt im Tor. Jedenfalls kam der Mai und wir mussten auf die Pfarrwiesen nach Hütteldorf. Schläge habens uns angedroht, die Vorstadtbuben. Mit 25.000 Leut war der Platz schon Stunden vor Ankick ausverkauft und noch immer sind die Leute Schlange gestanden. Auch wir sind nimmer reinkommen. Also hat sich das alte Stille-Post-System bewährt. An der Tonlage hat man versucht zu erkennen, was grad passiert. Wenn's lauten Jubel gab, dann mussten die Rapidler was gut gemacht haben, vielleicht gar ein Goal erzielt. ‚Einer ist verletzt raus', hat sich dann irgendwann mal zu mir durchgesprochen. ‚Hoffentlich einer von diesem Kaffeehausverein', schimpfte ein grobschlächtiger Mann mit Händen so groß wie Kanaldeckel und einer Nase wie ein Preisboxer. ‚Gsindl, elendiges. Gut, dass von denen einer hin is.' Es war tatsächlich unser Verteidiger Blizenec, der raus hat müssen. Wieder war ein Raunen zu hören. ‚Was war, was is?', rief die Boxernase. ‚Der Lohrmann schon wieder. Hat eine Robinsonade vom Feinsten gezeigt!' ‚Glaubt man net, was?', stößt mich der Mann an, im Irrglauben, ich sei einer von ihnen. ‚Der Blade im Goal. A Robinsonade. Glaubt man net!'

„Was ist eine Robinsonade?", unterbricht der Kleine und der Alte war wieder aus seinem Tagtraum geholt.

„Eine Robinsonade, Bub, das ist das, was ihr heut Parade nennt. Also, wenn der Goalmann einen scharfen, schwierigen Ball artistisch, zumeist mit einem Hechtsprung aus der Gefahrenzone bugsiert."

„Aber warum Robinsonade?", fragte der Kleine ratlos.

Der Alte streicht sich wissend über seinen fast unsichtbaren Schnauzbart. „Die Geschichte der Robinsonade könnte nicht besser zur Austria passen, vereint sie doch den Fußball mit einem Stilmittel aus der Literatur…", beginnt der Alte zu erklären, als ihn der Große unterbricht.

„War's net so, weil ein englischer Tormann Robinson geheißen hat und das als Erster gemacht hat?"

„Schweig still, heast! So ein Blödsinn reden! Ich hab gesagt, Stilmittel, das der Austria gerecht wurde", schimpft der Alte und schüttelt genervt den Kopf, während der Große am Steuer den Blinker Richtung Praterstern betätigt und etwas wie „alterdeppblederzwiderermärchenonkel" murmelt.

Alsdann, die Robinsonade.

„Die ursprüngliche Robinsonade ist ein Stilmittel der Literatur. Du hast sicher Robinson Crusoe gelesen, oder?"

Der Kleine schüttelt den Kopf und sagt: „Nein, aber ich hab's im Fernsehen gesehen. Das ist der Mann, der allein auf einer Insel wohnt."

Der Alte seufzt. Immerhin, damit konnte man was anfangen, aber wohin das mit der Jugend noch führen sollte, will er sich nicht ausmalen.

„Im Kern stimmt das, ja. Basierend auf der Geschichte des auf einer Insel gestrandeten Robinson Crusoe verarbeitet in der Literatur die sogenannte Robinsonade das unfreiwillige Alleinsein in einer entlegenen Gegend. Und jetzt sieh dir einmal den Goalmann an. Der ist mehr als neunzig Prozent seiner Zeit allein, weit weg vom eigentlichen Spiel. Nur in wenigen, dafür aber umso wichtigeren Momenten ist er gefordert und stellt sich allein den Gefahren der gegnerischen Stürmerreihen. Danach ist er wieder allein. Der Goalmann trainiert allein, spielt allein. Ich hab einmal von einem Spiel in England gehört, das sie wegen Nebels abgebrochen haben. Die Spieler sind in die Kabine, nur den Goalmann habens vergessen. Wegen des Nebels haben sie ihn nicht gesehen und er stand so weit weg vom Geschehen, dass er es auch nicht mitbekommen hat. Eine schöne Metapher für die Robinsonade eines Tormanns."

So gefällt das jedenfalls dem Alten. Nach einigen Momenten des Schweigens fügt er – seinen Enkel am Steuer innerlich verfluchend – hinzu: „Und ja, es gab einen guten, englischen Tormann namens Robinson."

Der Kleine lacht und sagt: „Gut, also hat der Lohrmann robinsondi … robinson … robinsonaniert! Und was war dann?"

Der Große und der Alte laufen rot an, der Große am Steuer hat sichtlich Mühe, ein Lachen zu unterdrücken und auch der Alte muss ein paar Mal schlucken, ehe er mit seiner Geschichte vom Derby im Mai 1926 fortfahren kann.

„Es war nicht lang ins Spiel hinein, als wir vor uns hellen Aufruhr vernahmen. ‚Was ist passiert, was ist gscheng?', riefen alle wild durcheinander. ‚Ein Goal ist gefallen!', hörten wir den Ruf von vorne. ‚Na und, dann helfts ihm wieder auf', sagte die Boxernase neben mir und dröhnte vor Lachen über seinen eigenen Witz. ‚Für die Amateure!', kam von vorne. Schlagartig hörte die Boxernase zu lachen auf und rempelte mich an. ‚Ein Schmarrn ist das. Von so ein Kaffeehausverein.' Ich hab bestätigend genickt, mir war meine Nase lieb, so wie sie war, und wollte mir nicht ausmalen, was die Elisabeth sagt, wenn ich so ausschauen würde wie der. Noch dazu, wo der kleine Karli bald seinen zweiten Geburtstag feiern sollte."

„Wer ist der Karli?", fragt da unbedarft der Kleine.

Der Große blickt sorgenvoll in den Rückspiegel auf den Alten. Der ist wieder abwesend und blickt aus dem fahrenden Auto auf die Geschäfte entlang der Lassallestraße.

„Bub, vom Karli erzähl ich dir später", sagt der Große eilig, als er merkt dass sich der Alte mehr und mehr verschließt. „Lass den Opa weiter vom Meistertitel 1926 erzählen."

Der Alte blickt via Rückspiegel den Großen an und dankt ihm mit einem Augenaufschlag. Er räuspert sich und schluckt hörbar eine Träne herunter. Dann fährt er fort.

„Ja, so war das. Der Viktor Hierländer hat uns in Führung geschossen. Etwa zwanzig Minuten später kam wieder Bewegung in die Menge. Wieder schallte es Goal, Goal von vorne. Von hinten drückte die Menge nach, in dem Irrglauben, so doch noch einen Weg ins Stadion zu finden. Von vorne drückten die Schutzmänner dagegen, damit grad das nicht passierte. Irgendwann hab ich den Boden unter den Füßen nicht mehr gespürt. ‚Wieder für die Amateure!', rief einer. 0:2 also. Der Konrád und der Sindelar hatten im Zickzack die Rapid-Verteidigung auseinandergenommen und eingeschossen. Noch zwei Mal bis zum Pausenpfiff dribbelt sich der Konrád durch die Rapid-Verteidigung und trifft. 4:0, Bub, 4:0 führen wir zur Pause! Und ich kann mich nicht freuen, weil ich keine Zahnschutzversicherung hab. Aber innerlich, Bub, bin ich explodiert. Äußerlich hab ich die Boxernase neben mir, die gar nicht mehr zu schimpfen aufhört. ‚Geldiger Judenverein. Glauben, dass sie was Besseres sind. Diese Kaffeehaussitzer, Schneebrunzer allesamt! Der unbeliebteste

Verein Wiens, schauts euch nur um! Wo sinds denn, die Intelligenzler?‘ Da ist mir dann doch ein bissl das Geimpfte aufgegangen und ich sag: Gnädiger Herr, mit Verlaub, auch die von ihnen beklagte, sogenannte bessere Gesellschaft hat eine Lebensberechtigung im Fußball-Sport. Schließlich kann nicht jedermann aus Ottakring oder Rudolfsheim sein. Und übrigens ist der Amateursportverein finanziell so fundiert, dass er auch ohne eine quantitativ große Anhängerzahl existieren kann. Danach weiß ich nimmer viel. Ich bin im Allgemeinen Krankenhaus aufgewacht, mit einem Verband um den Kopf. Die Elisabeth ist am Fußende vom Bett gesessen, den Karli am Schoß, und hat mich vorwurfsvoll angeschaut. ‚Ich hab dir gesagt, dass das einmal passiert, aber du mit deinem deppaten Fußball. Irgendwann schlagens dich tot wegen der Blödheit.‘ Ich habs angeschaut und gefragt: Ich bitt dich, Spatz, wie ist denn das Derby noch ausgegangen? Sie ist aufgestanden und gegangen, hat was gemurmelt von „dendümmsteneierschädlalsmannhabich“. Den Karli hats an der Hand mitgezogen, mit der anderen hats mir aber noch gewunken.“

Der Alte muss lachen, wie er an diesen Tag denkt. Es war zweifellos einer der schönsten Tage in seinem Leben. Die Amateure haben Rapid am Ende 5:0 bezwungen, der Meistertitel war ihnen nicht mehr zu nehmen.

„Davon hab ich auch die Narbe überm Aug“, sagte der Alte und deutet auf eine Stelle über seiner linken Augenbraue. Ob das auf der Stirn vom Uropa nun eine Narbe oder Falten sind, bleibt dem Kleinen jedoch ein Rätsel.

„Nicht die einzige, die ich dieser Saison davongetragen hab. Ebenfalls im Frühjahr haben wir gegen die Hakoah mit 0:1 verloren. Die Hakoah, unser alter Widersacher aus der Krieau. Ich hab dir ja schon erzählt, dass wir uns mit denen oft gestritten haben. Um so eine Lächerlichkeit, welcher denn nun eigentlich der jüdischere Verein sei. Friedrich Torberg, selbst Wasserballer bei der Hakoah, aber später leidenschaftlicher Austria-Anhänger und ein gern gesehener und gehörter Diskutant im *Café Herrenhof* – und nachtens auch im *le englais* – ging sogar so weit zu sagen, es gäbe keine größere Rivalität, keine feindseligere Gegensätzlichkeit, als die zwischen Hakoah und Austria. Der Ausspruch ist ihm entfleucht, als wir uns zufällig auf der Hohen Warte bei eben jenem Spiel getroffen haben, er mit einem blauen Auge und ich mit blutiger Nase, wonach das freundschaftliche Händeschütteln entfiel und wir mit Müh und Not den Hut lüften konnten, um der gegenseitigen Respektsbezeugung Genüge zu tun. Mit der Hakoah verband uns der gemeinsame Bezirk und die starke jüdische Anhängerschaft. Da konnte es passieren, dass der Vater Hakoah und der Bub Amateur war. Als wir die Meisterschaft im letzten Moment wieder mal verloren, das war im Jahr 1925, durfte Friedrich Torberg einmal den Höhepunkt einer solchen Familienkrise miterleben. Ich war damals nicht zugegen, sondern mit dem kleinen Karli beim Dr. Schönbauer, aber ich hab den Torberg nach dem meisterschaftsentscheidenden Spiel zwischen der Hakoah und dem Sportclub getroffen und er hat mir die Schlussminuten eindringlich geschildert. Es stand 2:2, was gut war für die Amateure, die an diesem Tag aber spielfrei hatten. Deswegen hatten sich auch einige Anhänger am Sportclub-Platz eingefunden. Die Hakoah brauchte unbedingt einen dritten Treffer, als sich ihr Goalmann Fabian verletzte. Der Torberg erzählte: ‚Und dann geschah das Unwahrscheinliche. Der Tormann Fabian, den verletzten Arm in einer Binde, kam aufs Feld zurück, nahm den verlassenen Stürmer-Posten ein, bekam plötzlich den Ball vor die Füße – und schoss fünf Minuten vor Schluss das dritte Goal, das siegbringende, das meisterschaftsentscheidende dritte Goal. Es war die tollste Sensation, die sich denken ließ. Das Publikum raste – der eine Teil aus Begeisterung, der andere aus Wut. Der Amateur-Anhänger vor uns war aufgesprungen, aschfahl, mit aufgerissenem Mund – dann, aus einem besinnungslosen Wutreflex, haute er dem neben ihm jubelnden Hakoah-Anhänger eine fürchterliche Ohrfeige herunter. Der Getroffene sank vom Sitz – zwei meiner Freunde stürzten auf den Übeltäter los, um ihn an Ort und Stelle ‚zu Krenfleisch zu verarbeiten‘ –, aber da ertönte von unten her die flehende Stimme des Getroffenen: ‚Ich bitt Sie, lassen Sie ihn! Er is mein Cousin.‘“

„Und von jetzt an war die Austria dann immer gut, oder?“ ruft der Kleine.

„Nun, zunächst mussten wir erstmal die Austria werden“, erklärt der Alte.

„Vom Professionalismus hab ich ja schon erzählt, und mit dem einhergehend haben sich die Amateure in Austria umbenannt. Der

Michl Schwarz war Präsident des Austria-Schwimmvereins und hat dafür plädiert, den Verein einfach auch so zu nennen, was dann am 28. November 1926 geschah. Aber dann, Bub, dann ging's erst mal wieder bergab. Der damals noch blutjunge Spieler Walter Nausch, ein Bürgerlicher, ging zum WAC. Und wir hatten immense Geldprobleme. Es war eine schwierige Zeit, Bub. Auf der Straße haben sich die Roten und die Schwarzen die Schädeln eingehaun, am Platz sind wir wieder in alte Muster verfallen. Gewinnen, verlieren. 1927 hat auf Betreiben von Hugo Meisl ein Europacup stattgefunden, Mitropa-Cup nannte man das damals. Da wär die Marie gerollt bei der Austria, aber wir habens ewig net geschafft, dass wir uns qualifizieren. Dann ist noch dazu gekommen, dass der Kálmán Konrád nach Amerika gegangen ist. Kurz darauf sind ihm der Viktor Hierländer und der Hans Tandler gefolgt. Beim Kálmán habens damals sogar von einem ‚Kriminalfall Konrád' gesprochen, weil der von einem Tag auf den anderen verschwunden ist. Eine Traumgage soll er bekommen haben bei den Amerikanern. Die wollten da ein großes Profigeschäft aufziehen, die Amerikaner. Im Jahr davor hattens schon fast die gesamte Hakoah-Mannschaft aufgekauft.

Die Saison war sehr merkwürdig. Von den ersten sechs Spielen haben wir fünf verloren und dann zehn in Folge gewonnen. Das war typisch für uns. Damit waren wir im Cupfinale und haben gegen eine sehr junge Rapid-Mannschaft gespielt. Siegessicher wie wir waren, haben die dann mit uns den Boden aufgewischt. 0:3 haben wir verloren und das war's dann auch wieder mit dem Cuptitel. Von der Meisterschaft ganz zu schweigen. Am letzten Spieltag haben wir gegen die Admira gespielt, das Match war schon wurscht. Aber gespielt habens, das war ein Fiasko, und der Schiedsrichter hat auch einen echten Topfen gepfiffen. ‚Sagts, wollts uns pflanzen?', haben die Leute geschrien und alle sind wir auf den Platz. Ich lauf da an dem Sindelar vorbei und schrei noch: ‚Was ist los mit euch, heast?' Der hat mich nur angeschaut und mit den Schultern gezuckt. Dann ist auch schon die Polizei gekommen. Mit gezogenem Säbel sinds auf uns los und ich bin schleunigst davon. Nachher hab ich gehört, dass es viele Verletzte gegeben hat. Eine Tribüne habens kaputt gemacht. Die Leut waren am Ende. Wirtschaftlich waren das ohnehin seit dem Krieg keine einfachen Zeiten und jetzt treibt dir auch noch die Austria die ganze Freud aus dem Leben. Und trotzdem sind wir wieder und wieder hingegangen. Eine schwere Zeit. Einen Monat später habens dann den Justizpalast angezündet.

Für die Austria ist es längst ums Überleben gegangen. Ein paar Wochen später hab ich den Präsidenten Curt Hahn getroffen, der viel aus der Privatschatulle in den Verein gesteckt hat. ‚Wissens', hat er zu mir gesagt, ‚die Idee vom Meisl mit dem Professionalismus war ein Schmarrn. Das kann sich keiner leisten, nicht mal wir.' Und der Hahn nimmt ein Blatt Papier und rechnet mir vor. ‚Wir haben monatliche Personalkosten von 9.000 Schilling, davon sind fast 7.000 Schilling nur die Spielergehälter. Das gesamte Monatsbudget hat 31.000 Schilling, Einnahmen haben wir selten mehr als 28.000 Schilling.' Der Schuldenstand der Austria hat sich damals schon rasch auf 100.000 Schilling belaufen. ‚Beim letzten Derby', sagt mir der Hahn, zerknüllt den Zettel und schmeißt ihn schwungvoll aus dem Fenster, ‚war der Steuerexekutor da und hat die ganzen Einnahmen mitgenommen. Die ganzen 7.000 Schilling. Und ich muss ein paar Spieler wieder wegen dem Gehalt vertrösten', seufzt er. Das klingt für dich heut net viel, Bub, aber damals war das anders. 300 Schilling war die Höchstgage, aber speziell die Austria hat ihren besten Spielern, dem Sindelar oder dem Karl Gall, mehr bezahlt – später der Nausch oder Karl Sesta, die haben viel mehr verdient. Und 300 Schilling, das waren damals 300 komplette Mittagessen. Die meisten anderen haben so um die 60 Schilling im Monat verdient. Die wurden ‚Bettelprofis' genannt. Ich hab zum Hahn zuerst nix gesagt, aber mir ist viel auf der Zunge gelegen. Muss man eben wieder mehr ins Ausland fahren, sag ich zum Hahn.

Das war nämlich lange Zeit das finanzielle Wundermittel für die Klubs: Auslandstourneen in den Sommer- und Wintermonaten. Wo die Spieler damals mit dem Fußball überall hingekommen sind, Bub, davon hat unsereins nur träumen können. Frankreich, Spanien, auf den Balkan, sogar nach England, die Niederlande und Schweden. Da hat sich mal eine kuriose Begegnung zwischen dem Sindelar und dem schwedischen König zugetragen, köstlich, Bub, köstlich! Also, nach dem Match ist der Monarch in die Kabine zur Austria und war natürlich besonders vom Sindelar angetan. Der König will den Sindelar in ein Gespräch verwickeln, aber der bleibt stumm wie ein Fisch, weil er net damit gerechnet hat, von einem Monarchen angesprochen zu werden. Ein Stiller war er ja so schon, der Motzl. Jedenfalls fragt ihn der König, ob dem Sindelar denn

Schweden gefalle und der sagt trocken ‚Ja'. Der schwedische Herrscher ist zufrieden und verlässt dem Raum. Der Sindelar sagt zu seinem Mannschaftskameraden: ‚Aber das ich deswegen gleich a Red hab halten müssen.'

Und viele ausländische Vereine sind auch gern nach Wien gekommen, vor allem die Osterturniere waren sehr beliebt, da hat man sich mit den Ungarn, den Tschechen und natürlich auch untereinander messen können.

Geholfen hat das der Austria wenig, in der Meisterschaft sind wir zweimal Achter geworden und mit den Rapidler haben wir uns regelmäßig geprügelt. 1928 war es dann soweit. Wir mussten endgültig den hauseigenen Ober-Sankt-Veiter Sportplatz aufgegeben. Heute gibt's den gar nicht mehr, da habens jetzt Wohnungen hingestellt. Schlimmer als die unkonstante Spielweise der Violetten war für uns aber die befürchtete letzte Konsequenz. Die hat uns wirklich graue Haare wachsen lassen: Wenn der Austria nämlich das Wasser bis zum Hals stand, wurde regelmäßig der Verkauf Sindelars erwogen. Bereits Ende 1926 hatte Rapid um Motzl angeklopft, aber eine Abfuhr kassiert. Ein paar von uns haben damals sogar ihre guten Manieren vergessen, sie wollten zur Pfarrwiese marschieren und die Sautruppen zu Krenfleisch reiben, wie man damals gesagt hat. Aber am Ende ist es eh nix geworden. Und so sind die Zwanzigerjahre zu Ende gegangen. Eine turbulente Zeit, in vieler Hinsicht. Endlich die ersten Meistertitel, ich hab eine gesunde Familie gehabt, auch wenn wir oft jeden Schilling dreimal umgedreht haben. Was vor uns lag … im Nachhinein hat man sich denken können, dass es passiert. Aber noch war man voll Optimismus, selbst als im Oktober 1929 die Börsen zusammengekracht sind. Nicht wenige haben sich damals umgebracht, sehr viele sind von einem Tag auf den anderen auf der Straße gestanden. Und unter uns Austrianern war klar, dass die Mannschaft auch endlich einmal verstehen müsst, dass auch Zuverlässigkeit zu den erforderlichen Qualitäten eines Spitzenteams gehört. Während wir von den Auslandstourneen im immer wieder hörten, wie toll und prächtig unsere Austria die Gegner vorführt – mit 10:3 besiegte sie Olympique Marseille, wo der Sindelar vier Tore geschossen hat – verliert sie in Wien permanent. Der 8. Platz ist einer Austria nicht würdig, da war man sich einig. Und es wurde Zeit, dass die Austria nun endlich auch einmal in den Mitropa-Cup einzieht."

Sindelar und der Mitropa-Cup

1931 – 1945

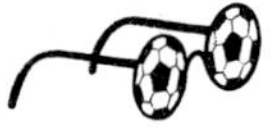

Der Ford Escort biegt langsam in die Hetzgasse im 3. Wiener Gemeindebezirk ein.

„So.“ Der Große stoppt das Auto vor einem alten Gründerzeithaus. „Da sind wir, Opa!“

„Ich dank dir schön, Bub“, sagt der Alte und schnallt seinen Sicherheitsgurt ab, als der Kleine aufbegehrt: „Papa, Papa, dürften wir heut beim Opa bleiben? Ich will wissen, wie die Geschichte von der Austria weitergeht.“

Der Große schüttelt den Kopf. „Nein, der Opa ist sicher müde vom Erzählen und vom Spiel. Und die Mama wartet bestimmt schon mit dem Essen daheim.“

Der Kleine lässt nicht locker. „Aber morgen ist Sonntag, ich muss also net in die Schul.“

„Nichts da, wir fahren heim. Außerdem ist die Geli-Oma auch da, und die will uns sicher auch sehen. Wir sind jetzt eh schon den ganzen Tag unterwegs.“

Das stimmte. Schon in der Früh hatten der Große und der Kleine den Alten abgeholt, hatten zuerst einen Kaffee getrunken und waren dann wie immer ins Schweizerhaus auf eine Stelze und ein, zwei Bier gefahren. Der Alte mühte sich mit einem Glas und das Fleisch stellte seine Dritten vor eine Herausforderung. Schließlich teilte er sich die halbe Stelze mit dem Kleinen, der ein Zuckerwasser bekam. Darauf freute der sich, neben den Fußballspielen, an den Wochenenden am meisten. Es war die einzige Gelegenheit, wo ihm die Eltern eine Cola, Fanta oder Sprite erlaubten. Das Eintreffen der Geli-Oma, der Schwiegermutter des Großen, hatten sie verpasst, weil der Große sehr zur Eile gedrängt hatte. Nun ist es früher Abend, sie sitzen noch immer im Auto vor dem Gründerzeithaus in der Hetzgasse im 3. Wiener Gemeindebezirk und der Kleine will weiter die Geschichte von der Austria hören.

„Bitte, Papa, bitte!“

Der Große bleibt unerbittlich: „Nein, komm, die Mama hat sicher Schupfnudeln gemacht. Außerdem wollen wir die Geli-Oma nicht warten lassen.“

Der Kleine setzt eine unschuldige Miene auf und fragt: „Aber hast du nicht gestern Abend selbst zur Mama gesagt, ob’s denn wirklich sein muss, dass die alte Schastrommel zu Besuch kommt?“

Der Alte kichert, während der Große rot anläuft.

„Opapa, was sagst du?“

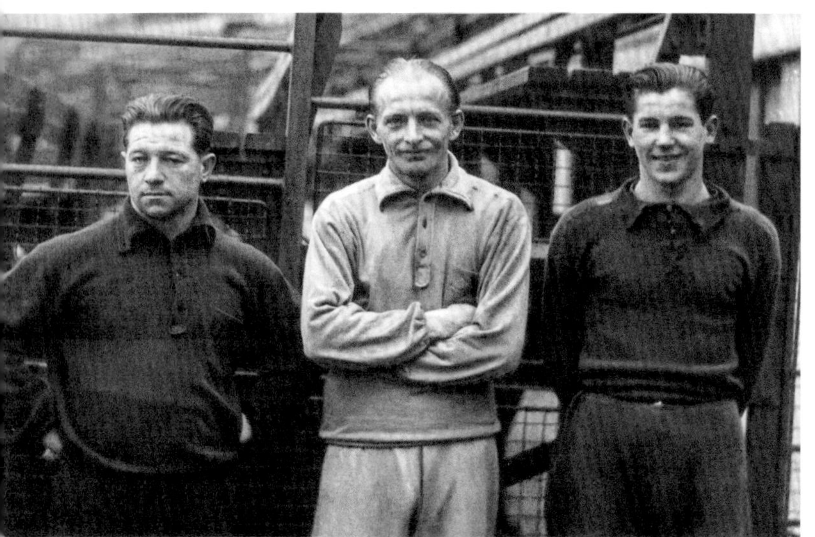

Drei große Austrianer: Karl Sesta, Matthias Sindelar und Walter Nausch (Aufnahme um 1935/36).

Der Alte nickt mit dem Kopf. „Ein bissl kann ich schon noch weitererzählen. Ihr könnts ja noch auf einen Kaffee mit raufkommen." Kurz denkt er nach: „Vielleicht brauchen wir in Anbetracht der Geschichte und des heutigen Tages auch etwas Stärkeres."

Der Große atmet einmal kräftig durch, nickt ergeben, parkt das Auto ein und hilft dem Kleinen und dem Alten aus den Rücksitzen. Der Alte sperrt die schwere Haustür auf, mit dem Lift geht es dann in den dritten Stock. In der Wohnung riecht es nach Kaffee. Hier riecht es immer nach Kaffee. Im Wohnzimmer auf der Kommode stehen alte Fotos, mit seiner Frau, der Elisabeth, mit seinen beiden Söhnen, als sie noch ganz klein waren. An der Wand hängen Wimpel, ein Hochzeitsfoto und ein großes Bild der Austria-Mannschaft von 1978. Der Alte lässt sich in seinen Lehnstuhl fallen, der Große macht inzwischen in der Küche Kaffee und für den Kleinen gibt es Holundersaft. Er setzt sich zu den Füßen des Alten und blickt erwartungsvoll. Der Alte sieht den Kleinen an und überlegt.

„So, wo war ich denn? Oder besser, wann…?"

Der Kleine ruft ganz aufgeregt: „Beim Sindelar und beim Nausch und beim Mitropa-Cup und dass die Austria kein Geld gehabt hat."

„Ahja", sagte der Alte. „Alsdann, die Dreißigerjahre …

Die Dreißigerjahre haben genau so angefangen, wie die Zwanziger aufgehört haben. Auch wenn wir privat ein neues Glück begrüßen durften. Der kleine Walter war geboren worden. Ja", wendet sich der Alte an den Großen, „das war dein Vater."

Wieder tritt ein kurzer Moment der Stille ein. Der Große starrt in seinen Kaffee, während der Alte geistesabwesend wirkt. Ja, der kleine Walter. Der arme, kleine Walter …

Aber der Kleine gibt keine Ruhe und reißt die beiden aus ihrer Versunkenheit. „Was war mit der Austria?", ruft er ungeduldig in die Stille hinein.

Der Alte räuspert sich, verscheucht die Gedanken an sein zweites Kind und fährt fort.

„In der für uns enttäuschenden Saison 1930/31 gab's noch einen Höhepunkt. Das Derby am 2. März 1931 auf der Pfarrwiese. 20.000 Zuschauer waren da – und die Austria lag nach zwanzig Minuten 0:3 zurück. Jetzt, dachte ich, kommt das Schlimmste. Doch weit gefehlt. Denn was glaubst, Bub, die Austria hatte wieder mal einen ihrer Tage. 3:3 bis zur Pause, am Ende haben wir die Rapid mit 8:4 vom eigenen Platz geschossen! Der Sindelar hat drei Goal erzielt und wir haben ihn auf den Schultern vom Platz getragen. Das war eine ausgelassene Stimmung beim Nachhausweg. Großes Thema neben der Weltklasse-Leistung vom Sindelar war der Rapid-Goalmann Pepi Bugala. Bub, der hat einen rabenschwarzen Tag erwischt. Mindestens die Hälfte der Goals hätte er verhindern können. ‚Der war schon ein bissl arm', sagt einer neben mir, während wir Richtung Tramway spazieren. Von hinten rief ein anderer: ‚Aber geh, das war nur, weil er so klein ist.' Ja, das war der Bugala an dem Tag. Arm und klein. Und plötzlich hat einer zu singen angefangen. ‚Armer Bugala, kleiner Bugala …' Ein Gassenhauer, sag ich dir, Bub, den hat die nächsten Tage lang noch ganz Wien gesungen. Fein war das. Kurz haben wir was zum Lachen gehabt. Aber dann ist es rasch bergab gegangen und wir haben wieder mal fürchten müssen. Aber so ist's den meisten Vereinen damals gegangen. Die Wirtschaft war im Keller, die Arbeitslosigkeit hoch. Die Stimmung auf der Straße und im Parlament war aufs Äußerste gereizt.

Und die Austria hatte also wieder einmal kein Geld. Und dann kam einer der schlimmsten Tage, die die Austria erleben musste, das war ebenfalls um 1930 herum, genau kann ich's nimmer sagen.

Ich hab damals den Vizebürgermeister Franz Hoß von den Christlichsozialen im *Dom-Café* getroffen. Der hatte gute Verbindungen zum Stadtschulrat und ich wollte für den Karli eine gute Schule haben, der kam ja bald ins rechte Alter dafür. Ich sitz also mit dem Hoß da, als die Tür aufging. Wie du dich vielleicht erinnerst, war das *Dom-Café* das Sekretariat der Austria. Die Violetten waren mit Zahlungen im Rückstand, insbesondere bei einer Sanitätsfirma, deren Name mir aber entfallen ist. Jedenfalls kommen die von dieser Firma rein, wackeln vor dem damaligen Austria-Präsidenten Schwarz mit einem Zettel herum und reden was von Pfändung. Dann habens angefangen, all die schönen Silberpokale, die die Austria in den Jahren gewonnen hat, von Oster- und Pfingstturnieren und so weiter, in Kisten zu verpacken. Insgesamt habens fünfundvierzig Pokale mitgenommen und später versteigert! 700 Schilling Erlös hat das gebracht. Aber das war noch zu wenig. Wie ich später wieder mal ins *Dom-Café* gehe, sitzen da der Hugo Meisl und der Michl Schwarz, ihnen gegenüber ein mir unbekannter Mann, der nur Tschechisch und Deutsch mit Akzent spricht. Ich hör die drei heftig debattieren: ‚Was wollen die denn dagegen machen, Hugo?', hör ich den Schwarz reden. Der Meisl hat die Melone vom Kopf genommen und kratzt sich am Kopf. ‚Den Sindelar?', fragt er. Der dritte Mann nickt. Ich werde hellhörig, setze mich mit meiner Melange an den Nebentisch, nehme mir eine Pester Lloyd und lausche angestrengt. ‚Hör zu, Michl', sagt der Meisl. ‚Die Slavia Prag bietet dem Sindelar ein horrendes Gehalt und uns eine Ablöse, wo wir die Saison ausfinanzieren können. Zudem hab ich gehört, dass sie ihm ein Filmangebot gemacht haben. Die Vlasta-Buria-Filmgesellschaft will ihn anstellen.' Der Schwarz blickt den Meisl an und sagt: ‚Das können wir nicht machen. Das ist ja unverschämt.' Der Meisl schimpft, während er mit dem Schwarz hinausgeht: ‚Nein, nicht mit mir. Nicht mit mir!' Der dritte, der Tscheche, blieb noch sitzen, trank seinen Einspänner, zahlte, empfahl sich und ging. Er war ein Vertreter der Slavia gewesen. Die Austria war fast so weit, den Sindelar zu verkaufen, damits den Spielbetrieb weiter finanzieren können, stell dir das vor, Bub."

„Aber das habens nicht gemacht, oder?", fragt der Kleine mit weit aufgerissenen Augen.

„Nein, das habens nicht gemacht", lächelt der Alte.

„Der Meisl hatte großartige Kontakte nach ganz Fußball-Europa. Er hat bei Grasshoppers Zürich in der Schweiz Alarm geschlagen. Der dortige Präsident, der Willy Escher, war Bankier und ein großer Verehrer vom Sindelar. Bei seinen Wien-Besuchen pflegte er immer die eine oder andere Schachpartie mit dem Austria-Star zu spielen. Der Escher überwies der Austria 14.000 Schilling. Als Gegenleistung habens am 9. November 1930 in Zürich antreten müssen. Das war der Tag der Nationalratswahlen, die die Sozis gewonnen haben. Dazu hab ich gehört, dass ein paar Spieler eine Zeitlang auf einen Teil ihres Gehalts verzichtet haben."

Der Alte wird nachdenklich. Wenn wir geahnt hätten, dass das für eine lange Zeit die letzte Wahl bleiben sollte … Aber es waren ja alles in allem andere Zeiten.

„Bub, wenn ich dir erzähl, bei welchem Wetter die manchmal gespielt haben. Und heut regen sie sich über ein paar Tropferl auf. Aber sie haben damals jeden Groschen brauchen können." Der Alte muss mit einem Mal an den 23. November 1930 denken und schüttelt den Kopf.

Der Kleine rückt gespannt näher an den Lehnstuhl heran.

„An dem Novembertag damals, Bub, das war der schlimmste Sturm, den Wien je gesehen hat. Über 700 Mal ist die Feuerwehr ausgerückt, musst dir vorstellen. Zwei Menschen sind gestorben. Und weißt, wo ich war? Ich war am Fußballplatz. Am Wackerplatz in Meidling. Ja, Bub, da schaust. Fensterscheiben zersprangen, die Kabeldrähte sind gerissen, Bäume sind links und rechts umgeflogen, im Prater hat's sogar die berühmte Wasserrutschbahn umgehauen und hie und da hast eine Antenne vorbeifliegen sehen. Ich bin im Wacker-Zuschauerraum gesessen und hab nur in die Luft geschaut. Äste und Dachziegeln sind ins Publikum geflogen. Die Spieler haben sich die Augen zugehalten, weil's ihnen permanent Staub und Sand in die Augen getrieben hat. 2:3 hat die Austria verloren."

Plötzlich lächelt der Alte. „Was hat mich die Elisabeth geschimpft damals. ‚Zwei kleine Kinder hast zu Haus, aber für den deppaten Fußball willst dich am End noch derschlagen lassen. Gott, was hat der mich mit so einem Rindvieh gestraft!' Hat's gesagt, aber ich weiß, dass sie's net so gemeint hat. Ich hab ihr ein Busserl gegeben und ihr übers Haar gestreichelt und dann war alles wieder gut. ‚Aber die Buben', hat sie mir damals gedroht und gefährlich mit dem Zeigefinger herumgefuchtelt. ‚Die nimmst mir nicht mit zum dem Deppensport.' Die werden sich net lang aufhalten lassen, hab ich mir gedacht.

Aber die 1930er Jahre, da haben wir nicht viel zu lachen gehabt, obwohl's die wohl beste Austria war, die je zusammen gespielt hat. Der Nausch, der Fußball-Sir, war Kapitän! Der ist nachher vor den Nazis in die Schweiz, weil's ihm seine jüdische Frau wegnehmen haben wollen. Der Camillo Jerusalem, was war das ein begnadeter Fußballer. Den habens nachher Verräter geschimpft unter den Nazis, weil er Profi in Frankreich geworden ist, wie die meisten guten Fußballer das damals so gemacht haben. Vorne der Mock Hans, der den Verein und vor allem den Michl Schwarz dann verraten hat. Aber ein Läufer war das, meine Herren. Dazu der Gall Karli, der auf der Seite gewirbelt und gedribbelt hat. Und vorne den Stroh Pepi, Viertel Rudi, den Spechtl Viktor der uns zum Cupsieg 1933 geschossen hat, womit wir endlich im Mitropa-Cup waren. Und den Sindelar. Mein Gott, der Sindelar, das war vielleicht eine tragische Figur, Bub. Verlobt war er, Anfang der Dreißiger, mit der Mizi Skala. Ein Lebensmittelgeschäft hat er sich aufgemacht, das hat er dann seiner Schwester und ihrem Mann gegeben, und später auf der Mariahilfer Straße eine Sportwarenhandlung. Aber immer wollt er ein Kaffeehaus haben. Gewohnt hat er weiter in der kleinen Wohnung seiner Mutter. Zimmer, Küche, Kabinett. Das Kabinett hat er sich mit seinem Jugendfreund Rudo Wsolek geteilt, der hat bei der Hertha weitergespielt. Und weil der Sindelar meist mit der Austria gewonnen hat und besser verdient hat, hat er oft die Prämie mit dem Wsolek geteilt. Und den Buben, die den Sindelar natürlich vergöttert haben, hat er oft ein bissl Geld gegeben, damits auch auf ein Match gehen können. Das und seine Kartendipplerei waren halt auch der Grund, dass er oft klamm war. Einige Male hat er den Schwarz um einen Vorschuss angebettelt, und der hat ihm natürlich immer was gegeben. Ein paar glauben, das sei ihm dann zum Verhängnis geworden. Aber ich greif vor.

Es waren typische Austria-Zeiten. Gewinnen, wennst es am wenigsten erwartest, verlieren oder Unentschieden, wenn man geglaubt hat, jetzt habens endlich einen Lauf. So hat das auch 1933 angefangen. Der österreichische Fußball war in der Hochblüte, das Wunderteam, in dem mit Sindelar, Nausch, Gall und Mock auch vier Austrianer waren, hat ganz Europa besiegt und am Ende nur knapp gegen England 3:4 verloren. Dennoch, der Donaufußball, die Wiener Schule, das berühmte Scheiberln war an seinem Zenit. Und endlich gewinnt die Austria einmal was, wenn's rundherum nur Verlierer gibt. Am 1. Mai 1933 haben nicht nur die Sozialdemokraten die Erlaubnis zum Maiaufmarsch erhalten, sondern erstmals auch die Nationalsozialisten. Die Polizei war in Alarmbereitschaft und stellte an der Oper und anderen wichtigen Straßenkreuzungen spanische Reiter auf, ob der zu erwartenden Unruhen. Überall hat's gescheppert, Bub.

Einen Monat später haben wir im Cupfinale gegen den Brigittenauer AC gespielt. Ein Abstiegskandidat, gegen den wir normal zweistellig drüberfahren. 14.000 Zuschauer sind gekommen – und alle waren sie gegen uns. Alle wollens den Außenseiter siegen sehen. Und Bub, als ob wir's auch wollen hätten. Ganz furchtbar haben wir gespielt und nur ein zufälliger Weitschuss vom Viktor Spechtl hat uns den Cupsieg gebracht. Gefreut haben wir uns dann schon, so oft gewinnen wir ja nix, aber wegen der Leistung hast dir Sorgen um den Mitropa-Cup machen müssen. Wennst da gegen eine Slavia Prag, Juventus Turin, die ganzen Ungarn hast spielen müssen. Und soll ich dir was sagen, Bub: Wir haben sie alle besiegt."

Jetzt lacht der Kleine endlich einmal befreit auf. „Hei! Wirklich? Alle haben wir geschlagen? Auch Juventus?"

Der Alte nickt wohlwollend: „Ja, Bub, die große Juventus mit all ihren Stars. Combi, Monti, Orsi, Ferrari. 3:0 haben wir sie in Wien weggeputzt. Davor schon die Slavia, eine der besten Mannschaften zu dieser Zeit. 1:3 haben wir in Prag verloren und dann plötzlich 3:0 gewonnen. Da war sie wieder, diese unzuverlässige Austria, wegen der man schon mal die Fassung verliert, und die dich dann mit Leistungen wie im Mitropa-Cup 1933 aus der Fassung bringt.

Ich weiß noch, das Spiel war am 9. Juli 1933, da war Badewetter. Die Elisabeth und die Kleinen wollten ins Gänsehäufl, aber ich hab gesagt, Kinder, seids mir nicht bös, aber die Austria spielt im Stadion. 50.000 Zuschauer sind in den Prater gekommen. Der Schweiß ist auf der Tribüne geronnen, sicher nicht weniger als bei denen am Feld. Sindelar hat wieder ein paar taktische Winkelzüge ausgepackt, da konnten die Italiener nicht mit. Und mit einem 1:1 im Rückspiel waren wir dann im Finale! Unglaublich. Dort hat die

Ambrosiana-Inter Mailand gewartet, mit dem Giuseppe Meazze als Kapitän. Glaubst nicht, Bub, aber in der Zeitung habens damals geschrieben, das wär der beste Fußballer der Welt. Wir aber haben gewusst, der beste spielt bei uns und heißt Matthias Sindelar! Der Meazza war ein bisserl jünger wie unser Motzl, ich glaub dreiundzwanzig oder so, und der Motzl war schon dreißig Jahre alt. In Mailand, das haben wir nur im Radio gehört, haben die Italiener gewonnen, aber dann kam das Rückspiel in Wien. Enttäuscht waren die Leut von der Presse vom Sindelar. Wenn der Meazza so viele Chancen wie der Sindelar im Spiel finden würde, er würde doppelt so viele Goals machen. Hab ich dem Sindelar den Artikel gezeigt, als wir uns zufällig im *Café Annahof* getroffen haben. Ich hab dem Inhaber, dem Leo Drill, geholfen, der wollte überlegen, das Lokal ein bissl zu verändern. Da hat er juristischen Beistand gebraucht. Jedenfalls treff ich dort den Sindelar wie immer beim Tarockieren und zeig ihm die Zeitung. Der hat nur mit den Schultern gezuckt, gelächelt und sein Blatt ausgespielt. Und weißt, was am nächsten Tag passiert ist, Bub? Drei Goals hat er den Italienern gemacht. Der Meazza nur eins. Da warens wie verrückt! Die Italiener haben zu treten und zu schlagen angefangen, aber die Austria hat's runtergespielt. 3:1 gewonnen, wir haben den Mitropa-Cup! Was sagst, Bub, die Austria Europacupsieger! Ein denkwürdiger 8. September war das, Bub, das kannst mir glauben. Es war das erste Mal, dass das Praterstadion wegen eines Spiels zweier Vereinsmannschaften ausverkauft war. Und als Zuckerl dazu: Die Austria sichert sich ihren ersten Mitropa-Cup-Sieg und entledigt sich damit auf einen Schlag aller Schulden. Die Spieler haben auch gut verdient dabei. Der Josef Stroh hat später einmal gesagt: ‚Für die erste Runde gab es 400 Schilling, für das Semifinale 500 und für den Finalsieg 1.000.' Der 48-Stunden-Wochenlohn eines Maurers betrug damals 80,64 Schilling.

Und weißt, was dann passiert ist? Zwei Tage später, in der Meisterschaft, haben wir gegen die Hakoah 0:2 verloren. Vorm Anpfiff hat der gegnerische Kapitän, der Imre Mausner, dem Walter Nausch einen Lorbeerkranz überreicht, für den Mitropa-Cup-Sieg, und uns dann zwei Goal reingedrückt. Das war eben die Austria.

Im Februar ist dann der Bürgerkrieg ausgebrochen. Die Roten Sozialdemokraten habens verboten und der Richard Schmitz, den ich noch von früher kannte – der hat eine Zeit lang nicht weit weg von uns im 3. Bezirk gewohnt, war dann im Unterrichtsministerium gewesen und hat dem Karli einen Platz im Gymnasium organisiert – ist Bürgermeister geworden. Also das erst im April, aber im Februar schon Kommissär. Wir haben uns zumeist in der Wohnung versteckt. Der republikanische Schutzbund, das war der bewaffnete Arm von den Roten, hat zuerst den Aspangbahnhof, den Viehmarkt und die Erdberger Mais besetzt, aber ist bald zurückgedrängt worden. Die Sozis habens dann verboten, es gab dann nurmehr die Vaterländische Front, eine Einheitspartei, der Kanzler Dollfuß ist permanent in Uniform rumgelaufen. Uniformen waren mir ein Graus, sag ich dir, aber als ich den Schmitz dann einmal getroffen hab, wie ich den Karli ins Gymnasium gebracht hab, hab ich zum Spaß salutiert. War nur ein Spaß.

Den Karli hat's dann auch bald gepackt, das Fußball. Wenn's einmal geregnet hat und grad nix auf der Wiese los war, hat er mit Freunden bei uns in der Wohnung gespielt. Mit richtigen Tabellen und Punkten, ganze Meisterschaften habens ausgetragen. Auf dem Tisch. Jeder Bub hat elf Knöpfe gehabt. Einen Tormann, zwei Verteidiger, drei Läufer und fünf Stürmer. Kleine Tore aus Draht und Netz haben sie sich gebastelt, mit Kreidestrichen auf dem Tisch das Spielfeld gemalt. Und dann hat man Fingerfertigkeit, Kombinationsvermögen und Spielintelligenz beweisen müssen. Einer der Buben war der Sohn eines Gießers bei Waagner-Biro, Ernst hat er geheißen. Wie hätte ich damals ahnen können, dass der große Ernst Ocwirk als Bub in meinem Wohnzimmer Knopffußball gespielt hat. Jedenfalls hab ich den Karli erstmals mitgenommen, das war 1936. Praterstadion, Sektor C, also auf den Stehplatz, gegen die Admira. 2:3 hat die Austria verloren, aber der Karli war seitdem Austrianer. Und sein Freund Ernsti, der beim selben Match das erste Mal im Stadion war, ab dem Zeitpunkt Admiraner, wie er später erzählen sollte. Seine Liebe zur Austria ist dann erst später gekommen. Jedenfalls, auch wenn wir damals nur Siebter in der Meisterschaft wurden, haben wir wieder den Cup gewonnen! Und spielten wieder im Mitropa-Cup. Seit sie die Teilnehmeranzahl vergrößert hatten, hatte der Bewerb aber etwas an Reiz verloren. Wieder haben wir gewonnen. 0:0 in Wien gegen Slavia Prag, aber beim Rückspiel hat der großartige Camillo Jerusalem das Goldene Goal erzielt. Ich weiß noch, wie tausende Leute am Hauptbahnhof auf die Mannschaft gewartet haben. Ich hab mich auf das Vordach von einer Wechselstuben gesetzt, den Karli auf den Schultern, damit wir alle was sehen. Dann ist Jubel aufgebrandet, als der Sindelar, der damals schon mehr Trainer als Spieler war, ausgestiegen ist. Was für eine fantastische Mannschaft! Es war das letzte Mal, dass sie groß aufgespielt hat. Denn dann ist die Welt finster geworden, Bub, das kannst mir glauben. Im März 1938 ist der Hitler einmarschiert und hat die Austria verboten."

Der Kleine erschrickt und fragt: „Aber warum denn das? Was hat die Austria denn getan?"

Der Große, der in der Küche frischen Kaffee aufgesetzt hat, ruft: „Nix. So wie alle anderen auch nix getan haben."

Der Alte wird zornig und ruft: „Ach, halt den Mund, was weißt du schon von damals! Ja, da waren viele unanständig. Aber auch viele Anständige in Wien."

Was weiß der blöde Bub! Aufgewachsen ohne Krieg ist er und will mir was erzählen von damals.

Der Kleine reißt den Alten aus seinen Gedanken. „Warum habens die Austria verboten?"

„Ja, das war so, dass die Austria ein jüdischer Klub war. Der ganze Vorstand, der Schwarz Michl, der Lang Robert, das waren alles Juden. Hab ich dir ja vorher schon erzählt, dass wir uns oft mit den Hakoah-Leuten geprügelt haben, wenn's darum ging, wer jüdischer war. Die Hakoah, das waren die ultraorthodoxen Juden, die ganz strengen. Wir waren der Verein der liberalen Juden. Und weil wir eigentlich nie eine Heimstätte gehabt haben, haben wir auch das Etikett vom rastlosen Juden aufgepickt bekommen. Aber soll ich dir was sagen, das hat mich nicht interessiert. Die Kirche war bei mir sowieso unten durch. Schäbig war, was dann passiert ist. Der Hans Mock, der großartige Läufer, der sogar im Wunderteam gespielt hat, ist in SA-Uniform mit dem Haldenwang, der auch mal bei der Austria gespielt hat, ins Büro vom Michl Schwarz und hat ihn rausgeworfen. Den Robert Lang habens auch verjagt, der jahrelang als Trainer und Sektionsleiter für die Austria alles gegeben hat. Ihn habens nachher erschossen in Jugoslawien. Der Nausch ist weg mit seiner Frau, denen hab ich dann noch die Papiere gemacht, damit alles rechtens ist, und ihr Hab und Gut verwahrt, für wenns dann wiederkommen. Der Sindelar hat das *Café Annahof* bekommen. Das war das Kaffeehaus vom Leo Drill, der war dann plötzlich weg. Der war auch ein Jude. Den habens auch umgebracht. Und der Sindelar hat sich das Kaffeehaus genommen. Einen angemessenen Preis hat er bezahlt, hat er mir erzählt, die Wohnung darüber wäre im Preis inbegriffen. Auch wenn er's net braucht hat, hat er gesagt. Und wie er das vom Schwarz gehört hat, ist er hin und hat gesagt: ‚Ich werd Ihnen immer grüßen, Herr Doktor.' Weil Juden hast damals nicht mal mehr grüßen dürfen. Erst später hab ich gehört, was der Sindelar da gemacht hat. Nix da mit angemessenem Preis. Und die Papier, die ich fürn Nausch gemacht hab, nix war das wert. Seiner Frau habens vorerst alles weggenommen.

Und was macht mein Karli, der Bub, der blede? Der geht zur Hitlerjugend und rennt mit erhobenem rechten Arm herum. Was ich mit dem gestritten hab, was ich dem Watschen geben hab, dem Bub, dem blöden. Ein Fanatiker war er. ‚Juden raus', hat er gebrüllt, und hat im November die Scheiben in der Hetzgassen eingeschlagen und zugeschaut, wie die Synagoge brennt.

Ich bin sonst oft zum Sindelar ins *Annahof*. Das war so meine Sicherheit, verstehst, das war meine alte Welt, als die Austria noch gut war. Die habens dann zwar eh nur kurz in SC Ostmark umbenannt, weil sich der Ulbrich, der Sekretär, stark gemacht hat: Die Austria hätte sich in ganz Europa einen Namen gemacht, den könne man nicht einfach so wegstreichen. Der hat überhaupt ein gefinkeltes Stück abgezogen. Im Sekretariat von der Austria ist ein Bild vom Schwarz gehangen, das, habens gesagt, das muss runter, und ein Bild vom Führer muss hin. Was hat der Ulbrich gemacht? Er hat das Bild vom Schwarz umgedreht und den Führer auf die Rückseite gepickt. So war der Schwarz die ganze Zeit bei seiner Austria. Und kurz darauf hat die Austria auch wieder Austria geheißen.

Und dann ist der Sindelar gestorben."

„Was?" entfährt es da dem Kleinen. „Der Sindelar ist tot? Aber der hat ja gerade noch gespielt, hast du erzählt!"

„Jaja", nickt der Alte. „Das ist das große Rätsel unserer Zeit gewesen. Am 23. Jänner 1939 ist der Sindelar tot in der Annagasse gefunden worden, neben ihm eine Gulaschküchenbesitzerin, die Halbitalienerin Camilla Castagnola. Ein Gspusi war das, mehr nicht."

„Aber wie ist der Sindelar denn gestorben?", fragt der Kleine mit Tränen in den Augen.

Der Alte holt tief Luft: „Bub, wenn wir das nur wüssten. Im Bericht ist gestanden Kohlenmonoxid-Vergiftung, also, dass er erstickt ist, weil der Kamin verstopft war. Aber da warens dann schnell mit Gerüchten. In der Kronenzeitung habens geschrieben, dass ihn die Castagnola vergiftet hat, weil er sie net heiraten wollte. Eine fast leere Cognacflasche ist neben ihnen am Bett gestanden. Das Gerücht hält sich bis heute. Wieder andere haben gesagt, der Amerika-Maxl hat ihn um die Eckn gebracht. Das war einer aus der Wiener Halbwelt, ein finsterer Kerl und Kartenspieler, und die Camilla war offenbar seine Braut. Und der Sindelar soll Schulden bei ihm gehabt haben. Und wieder andere, und da hat auch der Fritz Torberg dazugehört, haben geglaubt, er hat sich umgebracht wegen die Nazi. Der hat dann auch ein Gedicht übern Sindelar geschrieben. Moment, ich glaub ich kann's noch auswendig."

Der Alte überlegt, murmelt etwas von „Kind" und „Favoriten", ehe er aufgibt, sich schwerfällig erhebt und zu seinem Schreibtisch geht. Er öffnet ein Schränkchen und holt eine Schatulle heraus, in der viele alte Bilder und ein vergilbter Zettel liegen. Er kramt ein bisschen herum, ehe er findet, was er sucht. „Da hab ich's", sagt der Alte, setzt sich ächzend wieder in seinen Lehnstuhl und liest vor.

„Er hat's genannt *Auf den Tod eines Fußballspielers.*

Er war ein Kind aus Favoriten
und hieß Matthias Sindelar.
Er stand auf grünem Platz inmitten,
weil er ein Mittelstürmer war.

Er spielte Fußball, und er wußte
vom Leben außerdem nicht viel.
Er lebte, weil er leben mußte
vom Fußballspiel fürs Fußballspiel.

Er spielte Fußball wie kein zweiter,
er stak voll Witz und Phantasie.
Er spielte lässig, leicht und heiter,
er spielte stets, er kämpfte nie.

Er warf den blonden Schopf zur Seite,
ließ seinen Herrgott gütig sein,
und stürmte durch die grüne Weite
und manchmal bis ins Tor hinein.

Es jubelte die Hohe Warte,
der Prater und das Stadion,

wenn er den Gegner lächelnd narrte
und zog ihm flinken Laufs davon.
Bis eines Tages ein andrer Gegner
ihm jählings in die Quere trat,
ein fremd und furchtbar überlegener,
vor dem's nicht Regel gab noch Rat.
Von einem einzigen harten Tritte
fand sich der Spieler Sindelar
verstoßen aus des Planes Mitte
weil das die neue Ordnung war.
Ein Weilchen stand er noch daneben,
bevor er abging und nachhaus.
Im Fußballspiel, ganz wie im Leben,
war's mit der Wiener Schule aus.
Er war gewohnt zu kombinieren,
und kombinierte manchen Tag.
Sein Überblick ließ ihn erspüren,
daß seine Chance im Gashahn lag.
Das Tor, durch das er dann geschritten,
lag stumm und dunkel ganz und gar.
Er war ein Kind aus Favoriten
und hieß Matthias Sindelar."

Andächtig lauschen der Kleine und der Große, als der Alte die letzten Worte mit tränenerstickter Stimme vorliest.

„Ja", sagt er leise. „Das war der Sindelar. So einen hat's vorher nicht gegeben und wird's nachher nimmer geben." Er schneuzt sich in ein Stofftaschentuch. „15.000 Leute waren beim Begräbnis. Auch der Alfred Polgar hat ein paar Zeilen über den Sindelar geschrieben. Den habens dann auch, wie den Torberg, vertrieben, weil er ein Jude war."

Der Alte nimmt einen anderen Zettel und zitiert: „‚Der brave Sindelar folgte der Stadt, deren Kind und Stolz er war, in den Tod. Er war so verwachsen mit ihr, dass er sterben musste, als sie starb. Aus Treue zur Heimat – alles spricht dafür – hat er sich umgebracht; denn in der zertretenen, zerbrochenen, zerquälten Stadt leben und Fußballspielen, das hieß, Wien mit einem abscheulichen Gespenst von Wien zu betrügen.' Aber ich glaub nicht, dass er sich umgebracht hat. Allein, erfahren werden wir's nie. Und ein halbes Jahr

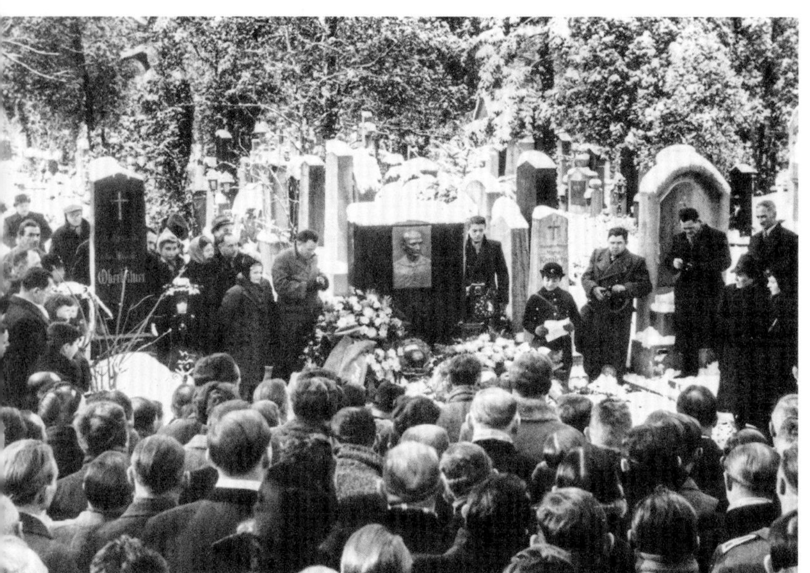

Rund 15.000 Menschen kamen zum Begräbnis von Matthias Sindelar auf den Zentralfriedhof. Die Nazis versuchten, den Fußballer für sich zu instrumentalisieren. Matthias Sindelar ist und bleibt als Figur umstritten, aber auch unvergessen.

später haben wir Krieg gehabt. Da war an Fußball nicht mehr zu denken. Die Spiele waren ein Witz, aber dafür hat der Karl Gall, auch einer von den ganz Großen der großen Austria aus den 1930er Jahren, sein letztes Spiel in einem Derby gemacht. Im Dezember 1942 sprang er – auf Fronturlaub in Wien, untrainiert und 37-jährig – für die ersatzgeschwächte Austria ein und trug wesentlich zum 6:2-Sieg gegen Rapid bei, der als Revanche für die 1:10-Pleite im August herhielt."

„Dezember 1942", murmelt da der Große. „Ist da nicht dann der Onkel Karli …"

„Sei ruhig!", ruft der Alte und kämpft mit den Tränen. Braucht er ihn nicht erinnern an seinen blöden, ältesten Sohn. Der schon als Bub immer vom Papa wissen wollte, wie's im Krieg gewesen ist. Ist ihm nicht aus dem Kopf gegangen, dieses große Abenteuer. Geschimpft hats, die Elisabeth. ‚Genau wie du ist er, wie du jung warst'. Ja, hab ich gesagt, ich hab's damals auch nicht besser gewusst. Ausreden hab ich es ihm wollen, aber kaum achtzehn geworden, wollt er schon zur Wehrmacht. Heil Hitler, Heil diesem, Heil jenem, Deutschland über alles, die Fahne hoch und weiß der Geier, den ganzen Tag ist's so dahingegangen. Am Ostbahnhof sind wir dann gesessen, der Karli, die Elisabeth und ich, den kleinen Walter an der Hand, der aufgeschaut hat zu dem großen Deppen, der jetzt dagestanden ist, in Uniform und einem Gewehr in der Hand. Dann ist der Karli dem Walter auch noch mit der Hand durch die Haare und hat gesagt, das nächste Mal erzähl ich dir alles, wie's war in Russland. Mir passiert nix, mich macht nix kaputt. Ja, im Sport und Turnen war der Karli immer gut. Jeden Tag ist er vorm Spiegel gestanden, hat sich mit der Faust auf die Brust gehaut und „Härte, Härte, Härte" gebrüllt. Ja, hart war er. Aber eine russische Kugel war härter. Blöder Bub, du blöder.

„Ich kann mich noch sehr gut erinnern, wie wir es erfahren haben. Es war kurz vorm fünften Jahrestag, dass der Hitler in Österreich einmarschiert ist. Ich geh ins *Dom-Café* und seh dort den Dr. Bruno Eckerl, Rechtsanwalt und damals Präsident der Austria. Wir haben beruflich ein paar Mal mit ihm zu tun gehabt. Beruflich hat es sich der Eckerl unter die Nazi schon gerichtet, hat mich aber auch ein paar Mal um Rat gefragt, etwa als der Sesta wegen einer Bäckerei was gebraucht hat."

„Arisiert hat er's", ruft der Große dazwischen.

„Ja", erwidert der Alte, „das hab ich alles erst später erfahren. Wie vieles, was ich alles erst später erfahren hab."

Da braucht der Große gar nicht so verächtlich zu schnauben und zu murmeln „alsobdunetgwussthättstwasdamalsallespassiertist".

„Jedenfalls treff ich den Eckerl und der sagt mir, hast schon gehört, der Gall Karli ist in Russland auf eine Mine getreten. Ich war komplett wie versteinert. Hab mich umgedreht und bin heim gegangen. Der Karl Gall, der sensationelle Läufer von der Austria, Wunderteamspieler und überhaupt … tot?

Ich mach die Wohnungstür auf und seh die Elisabeth, wie sie am Boden sitzt und Rotz und Wasser heult. Sie sieht mich, steht auf, rennt auf mich zu und flüstert nur: ‚Der Karli, um Gottes Willen, der Karli.' Ich bin im ersten Moment verwundert, denk mir dann aber, das ist lieb von ihr, hats es auch schon gehört. Der Gall war immer einer der besten, einer der wichtigsten Austrianer. Flinker

Läufer, trickreich und mit dem Kopf auch trotz seiner geringen Körpergröße nicht zu verachten. Ich nehm sie in den Arm und sagt nur, ja, schlimm für die Austria. Die Elisabeth löst sich aus der Umarmung und sagt: ‚Wie bitte?' Und ich sag nur, naja, der Gall Karli ist tot, ich hoffe die Familie und die Austria finden Trost. Die Elisabeth wird schneeweiß im Gesicht, dann purpurrot und fängt zum Schreien an. ‚UNSER Karli, Depp, bleder! UNSER Karli …' Da erst seh ich den Zettel in ihrer Hand, vom Wehrmachtskommando, und mir wird schwindelig. Ich kann gar nicht gescheit lesen, was da steht von ‚Heldentod' und ‚Kamerad', während die Elisabeth Gott und meine Austria verflucht. Ich hab sie in den Arm genommen. Der Walter, der noch nicht ganz verstanden hat, dass sein großer Bruder nie mehr mit ihm Murmeln spielen wird oder einschießen auf der Jesuitenwiese, ist ein bissl verloren dagestanden. Mit großen Augen hat er uns angeschaut. Ein Bub von fast dreizehn Jahren.

‚Is was mit dem Karli?' hat er gefragt.

Was sagt man darauf?

Ich hab wieder einen geliebten Menschen begraben müssen. Wobei, den Karli konnt ich nicht mal wirklich begraben. Er ist nie heimgekommen. Er liegt noch immer irgendwo in Russland. Die Elisabeth ist fast zerbrochen daran. Ein Jahr hats nix geredet. Erst als sie den Walter in die Hitlerjugend holen wollten, ist sie wieder aufgewacht. Gewarnt hats ihn. Fall ja net auf, sei nirgends zu gut. Wir wussten ja nicht, obs nicht bald unseren Jüngsten auch einziehen. Bei anderen habens das ja auch gemacht. Volkssturm habens das dann genannt. Die Alten und die ganz Jungen haben dann mit der Panzerfaust herumhantieren müssen. Die Alten, die Veteranen, die den Krieg schon kannten und so gehofft hatten, dass sie das nicht noch mal erleben müssen. Ein paar von denen haben sich den ‚Spitz' geben lassen, das haben auch viele Junge gemacht. Da hast in gewissen Hinterhöfen an eine bestimmte Tür geklopft und der Fachmann dahinter hat dich mit einem gut gezielten Tritt gegen das Knie oder den Schienbeinkopf vor der Einberufung bewahrt. Mich hat der Dr. Eckerl, der war ja bei der Partei, für unabkömmlich erklärt.

An Fußball war da nicht zu denken. 21:0 haben wir mal gegen den LASK gewonnen. Bei denen ist aber die halbe Mannschaft wegen Bombenalarms nicht aufgetaucht. Die große Zeit des Wiener Fußballs war vorbei, haben wir gedacht. Die Welt lag in Scherben.

Der Sindelar, das Aushängeschild des österreichischen Fußballs, war tot. Kurz vor Kriegsende hab ich an seinem Grab mal den Pepi Stroh getroffen, seinen großen Stürmerkollegen. Ein Ehrengrab hat der Sindelar bekommen, von der Stadt. Und der Pepi Stroh erzählt mir: ‚Der war unser Lehrmeister. Wir Jüngeren in der Wiener Fußballgarde haben mit dem Sindelar unser Vorbild verloren. Was wir alle, die neben ihm spielen konnten, von ihm gelernt haben, lässt sich in ein paar Zeilen gar nicht ausdrücken. Das Wunderbare war, dass der Sindelar niemals in Erregung geriet, dass er nie seine Partner anschrie oder beleidigte.‘ Da hab ich den Stroh unterbrochen: Einmal im Derby gegen Rapid hat er dem Luef eine geschmiert. Das muss fünfzehn Jahre her sein. Das war das einzige Mal, dass ich gesehen hab, dass er vom Platz gestellt worden ist. Der Stroh grinst und meint, das war ja auch ein Grüner. Wir lachten beide und nach einem kurzen Moment fuhr der Stroh fort: ‚Aber zu seinen Kameraden war er immer gut. Immer versuchte er, ruhig und erklärend seine Nebenleute heranzubilden, und so wuchs man ganz unmerklich neben ihm zu immer höheren Leistungen heran. Was hätte Sindi die Jungen von heute noch alles lehren können‘, schloss er. Ich sag zum ihm, das mag sein. Das große Vorbild der Jugend, Kinder hat er immer gerngehabt. Sindelar hat viele Fußballfreunde verzaubert und in außergewöhnliche Sphären getragen. Außergewöhnlich und geheimnisvoll war auch sein Tod. Die ihn gesehen haben, bekamen einen Maßstab dafür, was am grünen Rasen gezeigt werden kann und alle Fußballerfolge können daran gemessen werden. Das letzte Geheimnis, das von seinem Tod, das möge ihm aber bewahrt bleiben.

Wir verabschiedeten uns und gingen unserer Wege. Ich schaute dem Stroh hinterher und heute muss ich daran denken, dass der viel Ahnung vom Fußball gehabt hat. Und wär der Stroh nicht gewesen, wäre einer der ganz großen Austrianer fast ein Grüner geworden.“

Ocwirk und die beste Austria

1945–1960

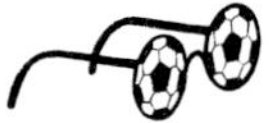

Der Alte trinkt einen Schluck Kaffee aus seiner Tasse, der Kleine zu seinen Füßen hält den Becher mit Holundersaft in seinen kleinen Händen. Der Große steht in der Tür und drängt: „Komm, wir müssen jetzt gehen. Die Mama wartet sicher schon."

Davon will der Kleine nichts wissen. „Bitte, lass den Opapa noch weitererzählen. Ich will wissen, wer nach dem Sindelar der beste Austrianer war. Es war sicher der Ogris, gelt, Opapa?"

Der Alte schmunzelt und meint: „So sehr ich die Qualitäten des Andi Ogris schätze und er mit Sicherheit eines Tages eine Legende des Vereins werden wird … – eines Tages wirst du mit deinem Enkelkind bei der Austria sitzen und dem Kleinen voller Stolz erzählen, dass du den großen Ogris, den Zsak, den Pfeffer und den Wohlfahrt hast spielen sehen, über die man sich so allerlei Wunderdinge erzählt – … aber da sind wir noch lang nicht, Bub. Da gab es einige, die zu Recht den Titel Ehrenkapitän tragen und große Spiele für die Austria abgeliefert haben. Einer von ihnen war sogar zweimal Kapitän einer FIFA-Weltauswahl."

Der Kleine bekommt große Augen. Soweit er weiß, war das dem Andi Ogris noch nicht gelungen.

„Wer denn?", fragt der Kleine.

„Sein Name ist Ernst Ocwirk", entgegnet der Alte nicht ohne Stolz.

„Wenn man mit alteingesessenen oder zumindest historisch interessierten Austrianern diskutiert, dann kommt man immer irgendwann zu der Frage, welche wohl die beste Austria gewesen sei. Und unweigerlich sagt dann immer einer, man müsse unterscheiden: zwischen der besten und der schönsten. Denn die schönste Austria, das sei unbestritten, war jene zu Zeiten Sindelars, als die Violetten die Wiener Schule perfektionierten und die Gegner verrückt scheiberlten, aber hie und da eben auf das Tore Schießen vergaßen. Dann kommen jene, die sagen: Moment, was ist mit unserer 1978er Mannschaft, die ins Europacupfinale gekommen ist? Ja, die waren schön *und* erfolgreich. Und dann gab und gibt es jene, die der Meinung sind, die Austria habe nie besser gespielt als kurz nach dem Zweiten Weltkrieg, nachdem ein gewisser Ernst Ocwirk vom Floridsdorfer AC zu den Violetten gewechselt war. Aber alles schön der Reihe nach.

Am 6. Dezember 1945 landete ein Flugzeug in Wien mit der französischen Nationalmannschaft. Mit an Bord war nicht nur

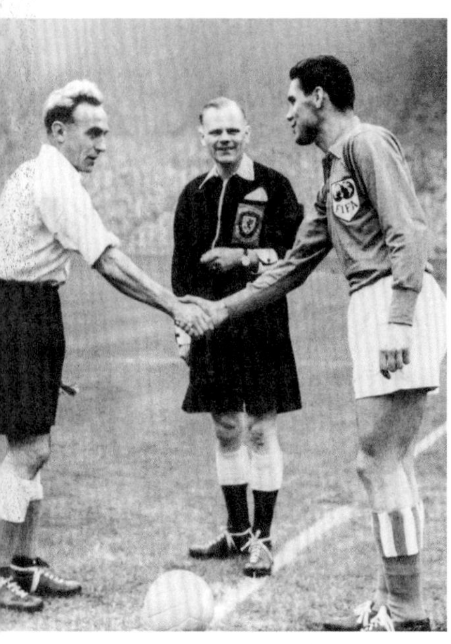

Der Austrianer Ernst Ocwirk (rechts) als Kapitän der FIFA-Weltauswahl beim Shakehands mit Englands Kapitän Billy Wright.

die Auswahl des ehemaligen Kriegsgegners, sondern auch Emmanuel ‚Michl' Schwarz, der jüdische Präsident der Austria, dens vor dem Krieg vertrieben und verjagt haben. Was war das für eine Freude bei den meisten, dass der große Schwarz wieder da war.

Das alte Sekretariat in der Jasomirgottstraße hatte eine Bombe getroffen, also ist die Austria ins Sporthaus Pohl in der Mariahilfer Straße gezogen, da wo früher der Sindelar gearbeitet hat. Jedenfalls hat gleich darauf der Schwarz wieder das Präsidentenamt übernommen. Ein paar haben sich geschämt, die ihn damals verjagt haben, aber nach außen gedrungen ist das nie. Der Hans Mock, der hat eine Weinstube in der Wiener Innenstadt gehabt. Nie hat den auch nur einer wegen seiner Navergangenheit angesprochen. Wie oft der mit Hakenkreuzarmbinde bei Spielen und Trainings war, weiß ich nimmer.

Jedenfalls beginnt der Schwarz wieder eine Mannschaft zusammenzustellen. Am Anfang habens in Österreich ja wegen dem Krieg wieder den Amateurismus eingeführt, weil weder Geld noch Kalorien da waren, um die Spieler zu versorgen. Als Trainer habens zuerst den Ex-Spieler, den Karl ‚Vogerl' Geyer geholt. Den habens alle ‚Vogerl' gerufen, dabei hat er eine panische Angst vorm Fliegen gehabt. Überall ist der mit der Eisenbahn hingefahren. Dann habens ihm aber den Heinrich ‚Wudi' Müller vorgesetzt. Der sollte insgesamt siebzehn Jahre lang bei der Austria bleiben, zehn Jahre als Trainer und später als Co, mit dem Ocwirk als Chef. Der Ernst Stojaspal hat mal über den Wudi Müller gesagt: „Das war eine Vaterfigur. Kein schlimmes Wort, immer beruhigend auf die Spieler einwirkend, ein echter Ruhepol, ganz wie es dem Charakter der

Austria entsprach." Der Wudi hat bis weit über die Achtzig im Austria-Sekretariat zweimal wöchentlich die Fanpost erledigt. Das war eine Herzensangelegenheit für ihn. Das hat's danach nicht mehr gegeben, seitdem wechseln die ja die Trainer wie unsereins die Unterhose. Aber es hat sich damals dann schon eine starke Mannschaft herausgezeichnet. Der Josef Spale im Tor, den wollte der Herberger sogar in die Nationalmannschaft von den Deutschen einberufen. Der Joksch, Mikolasch, Adamek und ganz vorne der Dolfi Huber, Fritz Kominek und der Ernst Stojaspal. Der war ein einbeiniges Wunder, sag ich dir, Bub, der hat nämlich nur mit dem linken Fuß schießen können. Den rechten Fuß, so haben wir damals gescherzt, hat er nur, damit er beim Brunzn net umfallt. Normal hab ich ja nicht einen solchen primitiven Schmäh gemacht, aber der war schon lustig. Der Stojaspal ist auch gleich viermal hintereinander Schützenkönig geworden. Der ‚Stoissi', der war ein Phänomen, sag ich dir. Zwischen Stroh und Jerusalem lernte er die Hohe Schule des Fußballs und schon 1946 debütierte er im Nationalteam. Ernst Stojaspal spielte zwischen 1945 und 1954 insgesamt 206 Pflichtspiele für die Wiener Austria und erzielte dabei 258 Tore. Sein Stil galt als beispiellos. Seine ausgefeilte Technik, die Eleganz und Raffinesse seines Spiels und ein anscheinend unerschöpflicher Trickreichtum ließen ihn bereits in jungen Jahren zum erklärten Liebling des Wiener Sportpublikums werden. Wienerischer hat selten einer gespielt als der Stoissi, und das kam nicht von ungefähr, war doch sein erklärtes Idol Matthias Sindelar. Wenn ‚das einbeinige Wunder' seine Trickkiste auspackte, nannte man das in Wien den ‚Eiertanz'. Über 1.000 Menschen kamen im August 1948 zur Karlskirche, um der Hochzeit von Ernst Stojaspal mit Hedy Schöndorf beizuwohnen. Als er 1954 nach Frankreich zu Racing Straßburg wechselte, verbeugten sich selbst die Rapid-Spieler vor dem außergewöhnlichen Fußballer, indem sie ihm einen silbernen Aschenbecher mit der Aufschrift ‚Dem allzeit fairen Stoissi' überreichten. Dabei habens über den Stoissi in der Zeitung noch geschrieben, was für ein Fußballer das sein soll, der nur ‚einbeinig' ist."

Der Alte steht wieder auf, geht langsam zu seinem vollgestopften Bücherregal und sucht einen Ordner mit Zeitungsartikeln. Er wühlt etwas herum, bis er findet, was er sucht. „Das hat der Kritikus geschrieben, damals, 1946, in der Sportschau: ‚Stojaspal hat auch in dem gemütlichen Spiele gegen den WAC ein paar Mal erkennen lassen, dass sein rechter Fuß tatsächlich nur die Aufgabe zu haben scheint, sein Gleichgewicht aufrechtzuerhalten. Für einen Fußballer ist das zu wenig. Der grenzenlos talentierte Spieler ist eben – auch eine Kriegserscheinung – gar zu rasch avanciert. Er hat nach der Untermittelschule gleich den Doktortitel der Teamfähigkeit zugesprochen bekommen, und da ist eine ‚Bildungslücke', die Vernachlässigung des rechten Beines, zurückgeblieben. Ein fertiger Doktor gibt sich aber nicht gerne mit den Studium von Dingen ab, die er schon früher hätte lernen sollen. Es wird ihm aber nichts übrigbleiben, als während der Ferien für eine Nachprüfung emsig zu studieren, damit er die großen Hoffnungen, die er erweckt hat, auch wirklich erfüllen kann.'

Also offensiv, Bub, da war die Austria eine Wucht. Es ist dann noch der Ernst Melchior dazugekommen, den habens den ‚Gscherten' genannt, weil er aus Kärnten kam. Der war fast untypisch Austrianisch. Der Ernst Melchior paarte Kraft und Technik, und das in der Offensive. Später habens mal über ihn geschrieben: ‚Ein typischer Naturfußballer. Wurde in seiner Glanzzeit an Schnelligkeit und Geradlinigkeit von keinem Konkurrenten übertroffen.' Schon 1935, mit fünfzehn Jahren, stürmte er als Rechtsaußen in der ersten von Villach und blieb dort nicht lange unentdeckt. Melchior wechselte noch im Herbst 1946 zur Wiener Austria. Die Violetten hatten vor Rapid das Rennen um den rasanten Rechtsaußen gemacht. Mit Ernst Melchior war auch sein um zwei Jahre jüngerer Bruder Otto, der Verteidiger, zur Austria gekommen. In den Medien damals galt der Wechsel von Ernst Melchior zu Rapid schon als fix, hatte er doch schon einen Verbandsschein unterschrieben. Doch der Villacher SV gab die Brüder Melchior im Juli 1946 an Austria Wien frei. So war das damals, Bub, da hat man sich noch regelrechte Schlachten um die Spieler geliefert.

Aber wer hätte damals absehen können, dass die Austria bis zum heutigen Tag – bis 1996 – also in fünfzig Jahren neunzehn Mal Meister werden sollte? Denn bis zum ersten Mal hat's immer noch ein bissl gedauert. Aber ich greif vor.

Jedenfalls, die Austria war gut aufgestellt. Melchior, Huber, Kominek, Stojaspal und Pepi Stroh, in der Verbinderreihe waren Leopold Mikolasch, der ist leider ganz jung gestorben, und der Siggi Joksch, der schon seit 1937 bei der Austria gespielt hat. Die beiden waren eine Wucht, aber es fehlte ihnen der Denker und Lenker. Und den glaubte die Austria im Ernst Ocwirk zu finden. Der kleine Ernsti, der Freund vom Karli, der bei uns in der Wohnung Knopffußball oder Pfitischigogerln, wie man es nennt, gespielt hat! Der war dann später nochmal kurz bei uns in der Wohnung, er hat ja eine Lehre zum Modelltischler gemacht. Ein Bombentreffer hatte das Haus neben unserem in der Hetzgasse zerstört. Uns hat's die Scherben eingehaut und die Möbel waren hinüber. Der Ocwirk, als Lehrbub, ist mit seinem Lehrmeister bei uns gewesen, als die neuen Möbel gebracht wurden. Beileid fürn Karli hat er gewunschen. Bald hat er das Tischlerhandwerk aber aufgegeben, weil ihn ein ehemaliger Wunderteamspieler, der Josef Smistik, beim Floridsdorer AC unter seine Fittiche genommen hat, genauso wie davor schon der Edi Frühwirth – später Trainer der Austria und vom Nationalteam – der ihn sogar mal als Stürmer eingesetzt hat. Ich schau mir den Buben ein paar Mal an, wenn nicht grad meine Austria spielt. Einmal, da hat er keinen guten Tag gehabt, da ist ihm als Center-Half, heute würde man Sechser dazu sagen, nix gelungen. Da hat ihn der Smistik beiseite genommen und gesagt: ‚Wennst keine Luft mehr hast, haust den Ball zum Flügel, nicht direkt auf ihn zu, schau nur aufs Cornerfahndl und dann schieß! Diese Richtung stimmt. Da steht der gegnerische Läufer immer im toten Winkel.' Der gefürchtete Longpass, den Smistik als Spieler des Wunderteams schon perfekt beherrscht hat, sollte ein Markenzeichen vom Ocwirk werden. Dabei wäre der Ocwirk fast ein Rapidler geworden.

Die Läuferreihe Joksch-Ocwirk-Mikolasch sollte in der kurzen Zeit ihrer Existenz die beste Österreichs werden. Den Friedl Joksch haben sie wegen seiner zentimetergenauen Flachpässe ‚Fußball-Professor' genannt, unauffällig, aber technisch und taktisch hervorragend. Ein verlässlicher Läufer. Dazu der unverwüstliche Leopold Mikolasch, das war eine große Kämpfernatur mit gewaltigem Aktionsradius. Bub, ich sag dir, was der Meter gemacht hat in einem Spiel, das kannst dir nicht vorstellen. Der hat der Stürmerreihe oft im Alleingang den Rücken freigehalten und konnte ein Spiel durch besonderen Einsatz umdrehen. Und der Stojaspal, der war einer der fairsten überhaupt. Der hat zwar in jedem Spiel Goal um Goal geschossen, aber einmal gegen den Sportclub hat ihn der Gegenspieler rumgeschnitzt. Weißt was der Stojaspal gemacht hat, als der Schiri den anderen ausschließen wollt? Ist zum Schiri gegangen und hat gesagt: ‚Das war nix, er hat's net so gemeint. Mir geht's gut.' Und der Schiri hat tatsächlich den Ausschluss zurückgenommen."

Der Alte sinkt in seinen Lehnstuhl und blickt in die Ferne. „Weißt Bub, kurz nach dem Krieg hast nix gehabt. Der Walter hat bald gehen müssen arbeiten, ich war über fünfzig und die Elisabeth hat sich erst langsam vom Tod vom Karli erholt gehabt. Da haben wir uns alle umstellen müssen. Ich hab Glück gehabt, hab den Wiener Bürgermeister, den Theodor Körner, der war General im Großen Krieg, nachher bei einem Treffen von den Frontsoldaten getroffen. Ein anständiger Mensch, sag ich dir. Als er Bundesrat von den Roten war, ist der für juridische Beratung oft zu mir ins Büro gekommen. Wenns mal was brauchen, hat er zu mir gesagt, dann sagens es ruhig. Jedenfalls, der Körner hat mir eine Beratungsstelle im Rathaus verschafft, was für mich neu war. Aber so war das halt nach dem Krieg. Wir haben uns alle umstellen müssen. Auch die Austria. Noch habens schöne Spiele gespielt, doch langsam aber sicher hat die Austria das Kämpfen gelernt. Und damit ist der Erfolg gekommen."

Die Augen des Kleinen wurden groß wie Pizzateller. „Wird die Austria jetzt gut?", fragt er aufgeregt.

Der Alte lächelt. „Die Beste, meinen so einige. Angefangen hat das alles, als sie sich ein paar Spieler geholt haben. Zuerst den arrivierten Lukas ‚Harry' Aurednik. Den nannten alle Harry, weil bei einem Gastspiel in England ein Zuschauer immer ‚hurry, hurry, hurry' geschrien hat, wenn der Aurednik am Ball war. Der Wiener hat das halt lautmalerisch in ‚Harry' rumgezogen. Der Aurednik war ein feiner Techniker, da hat man gesehen, dass der sich viel vom Sindelar abgeschaut hat und seine Gegner genau wie der Motzl gerne zur Weißglut getrieben hat. Später habens für die Verteidigung den Karl Stotz geholt, vom FC Wien, der besten Nachwuchsschule aus Favoriten. Der Stotz hat Stalingrad überlebt und war ein Musterathlet. Wahrscheinlich der bescheidenste Austrianer, den es je gegeben hat. Dem habens später als Teamchef übel mitgespielt, sag ich dir, das war a Schand.

Aber jedenfalls der Ocwirk, wie der zu uns gekommen ist, das ist auch eine tolle Geschichte. Der war ja eigentlich schon bei Rapid! Der Raftl, der Musil, die beiden Goalmänner von Rapid, die haben ihn gut aufgenommen und mit dem Nationalteam-Rechtsaußen

Fitz hat er einen Floridsdorfer Freund gehabt. Er war also schon ein paar Mal beim Training bei der Rapid gewesen und beim FAC habens gesagt: Wenn er, der Ocwirk, die Floridsdorfer am Ende der Saison unter die Top Vier bringt, dann darf er zur Rapid. Aber dann ist er dem Pepi Stroh begegnet. Das muss etwa ein Jahr später gewesen sein. Ich hab den Stroh am Floridsdorfer Spitz getroffen. Ich geh zu ihm hin und sag, hörts, Pepi, wie geht's dir, schön dich zu sehen. Der Stroh dreht sich um und deutet mir mit dem Finger, ich soll ruhig sein. Komisch hat er ausgesehen, den Hut hat er tief ins Gesicht gezogen, den Kragen aufgestellt und sich hinter einer Litfaßsäule versteckt. Sag ich zu ihm, Stroh was machst du da, und der Stroh sagt nur: ‚Warten.' Ich frage, ja, auf wen denn? Der Stroh zögert ein paar Momente, dann deutet er mit dem Finger die Straße hinunter auf eine dunkelhaarige, hochgewachsene Person und sagt: ‚Auf ihn. Oder glaubst, ich lass den zur Rapid gehen?'

Der Stroh war ja selber Floridsdorfer und selbstredend eine lokale Berühmtheit. Die hochgewachsene, dunkelhaarige Person war natürlich der Ocwirk. Als er auf Höhe vom Stroh ist, geht der wie zufällig an ihm vorbei, bleibt stehen, klopft ihm auf die Schulter und spricht ihn an. Der Ocwirk grüßt freundlich und will weitergehen, als ihn der Stroh aufhält und sagt: ‚Hast Lust zur Austria zu kommen?' Der Ocwirk war sichtlich überrascht, hat auch ein bisserl herumgedruckst und dann gesagt: ‚Ich weiß nicht, ich überleg mir das noch.' Der Stroh sagt nur: ‚Komm am Freitag ins *Café Parsifal,* der Kassier Ehrlich und Präsident Sack wollen nur informell mit dir reden. Eine kleine unverbindliche Aussprache.' Der Ocwirk wirkt noch nicht überzeugt und schaut verlegen auf den Boden. Der Stroh nimmt ihn an der Schulter und sagt: ‚Weißt was, wenn's dir damit besser geht: Ich und der Karl Adamek sind auch da.' Der Adamek war mit dem Stroh einer der arriviertesten Austrianer. Da hat der Ocwirk zugestimmt – und ist gleich darauf mit der Austria ins Trainingslager am Wörthersee gefahren. Nach zähem Ringen zwischen dem Floridsdorfer AC und der Austria unterzeichnete er am 15. August 1947 schließlich bei den Violetten.

Und weißt, was der Preis war, Bub?", fragt der Alte.

„Der war sicher teuer, wenn er so gut war", vermutet der Kleine.

Der Alte lächelt. „Geld hatte einen problematischen Wert. Geld, Bub, hat er gar keins gekostet. Die Floridsdorfer haben nur verlangt, dass die Austria neue Sitzbänke am FAC-Platz ausbaut und die Umkleidekabine renoviert. So war das damals."

Der Alte tappt nochmal zu seinem Bücherregal. Er nimmt ein kleines, vokabelheftgroßes Buch heraus mit grünem Einband und goldener Aufschrift. Nachdem er sich wieder gesetzt hat, öffnet er das Buch. Zum Kleinen sagt er: „Der Ocwirk hat das später alles aufgeschrieben. Und hat eine schöne Beschreibung für die Austria gefunden, und was ihm, dem Buben aus der Stadlau, so durch den Kopf gegangen ist. Das möchte ich kurz vorlesen.

‚Die Austria ist für mich wie eine schöne Frau, sie hat mich wohl schon in den Träumen betört, ich habe ihr zuweilen auch scheu nachgeblickt, ich hätte aber nie versucht, mit ihr zu kokettieren. Zu sehr umschwärmt, zu unnahbar schien sie mir. Die vielen bekannten, ja zum Teil berühmten Kanonen in der Mannschaft der Violetten hatten mich in den Glauben bestärkt, dass ich ihnen auf alle Fälle unerwünscht käme. Zumindest dem Namen nach kann sich der gerade erst großjährig gewordene Ocwirk nicht etwa zu einem Stroh stellen. Der Blindgänger und eine Kanone, das ergibt ein Strohfeuer.‘ "

Der Alte klappt das Buch wieder zu und lächelt: „Blindgänger hat sich der Ocwirk genannt. Heute gar nicht mehr zu glauben! Ein paar Jahre später war er FIFA-Kapitän.

Die Austria hatte damals den Ruf, schön, aber nicht unbedingt effizient zu spielen. Ernst Ocwirk sollte das ändern. Aber in seinem ersten Spiel war alles noch ein bissl wie früher. Da kam eine Austria-Elf aufs Spielfeld, legte ein faszinierend schönes und effektives Spiel hin, wie man es nur alle Jubeljahre sieht, kaum aber zu Saisonbeginn kurz nach dem Krieg. Sie lässt dem gegnerischen Führungstreffer drei blendend schöne Tore folgen, baut den Vorsprung weiter aus und spielt auf, dass die Massen rundum schon Mitleid mit den Döblingern haben. Lange vor der Pause haben wir uns auf der Tribüne gefragt: Wird's zweistellig oder bleibt die Schlappe der Döblinger im erträglichen Rahmen? Zwei Wochen nachdem der Ocwirk bei uns unterschrieben hat. 5:2 hat die Austria zur Halbzeit geführt und weißt, was der Endstand war? 6:6. Mit der Mannschaft, Bub, ich sag's dir, da machst was mit.

Und dennoch haben wir zweimal hintereinander den Cup geholt, 1947 und 1948. Und Anfang September 1948 kommt der Walter Nausch, der ja in die Schweiz geflüchtet war, zurück nach Wien, damit er das Nationalteam übernimmt. Ich hab mich gefreut – und bin dann doch enttäuscht worden. Die Papiere, die ich damals für die Nauschs gemacht hab, damit auf ihr Eigentum aufgepasst bleibt, die waren nichts wert. Erst der Dr. Eckerl, der hat ihnen dann nach langen Jahren was zurückgewinnen können. Ich hab mich so geschämt. 1952 habens dann den Walter Nausch zum zweiten Ehrenkapitän der Austria ernannt, eine Ehre, die bis dahin nur dem Luigi Hussak zuteilwurde.

1949 holte die Mannschaft mit Ocwirk zum ersten Mal seit 23 Jahren die Meisterschaft, 1950 und 1953 folgten zwei weitere Titel. Prägend in der Zeit, Bub, waren drei Derbys. Im Mai 1949 haben wir den Grünen ihr 50-Jahr-Jubiläum gründlich versaut. Es war ein beinharter Kampf mit Rapid um den Titel. Wir haben ein Spiel weniger gehabt, Rapid hatte ihr letztes Spiel gegen uns. Nach zwanzig Minuten sind wir 1:2 hinten, zur Pause 3:2 vorne. Und am Ende, Bub, hat's einen 5:3-Sieg gegeben und wir waren Meister. Endlich, nach 23 Jahren! Wir haben erstmals unter dem Namen Austria das Double geholt, die Spieler habens auf den Schultern vom Platz getragen. Wahrlich, es war gut, nach der langen, dunklen Zeit sich wieder einmal herzhaft zu freuen. Was hab ich geweint, kannst dir das vorstellen? 23 Jahre nicht Meister! Das kennen die Burschen von heute gar nicht. In den Zeitungen habens geschrieben, die Austria sei die kultivierteste, die beste und die verlässlichste Elf in diesem Jahr gewesen. Später hat mir ein Rapid-Verteidiger, der Franz Rybicki, einmal erzählt: ‚Die Läuferreihe mit Ernst Ocwirk, Leopold Mikolasch und Siegfried Joksch war in Österreich einzigartig. Mikolasch und Joksch waren technisch versiert und pfeilschnell, aber der Grund, warum wir in der Verteidigung oft das Nachsehen gehabt haben, waren die raumgreifenden Longpässe von Ocwirk.' Das beliebteste Ziel dieser präzisen Pässe war Stürmer Ernst Melchior, der die 100 Meter in elf Sekunden gelaufen sein soll. Der Longpass wurde das Markenzeichen von Ernst Ocwirk, doch auch das Spiel mit und ohne Ball beherrschte er in den frühen Fünfzigerjahren wie kein Zweiter. Das sagen dir auch die Mitspieler von damals. Kürzlich erst hab ich den Hans Löser getroffen und wir kommen über den Ocwirk zum Reden. ‚Ocwirk hat mit dem Ball nie leere Meter gemacht, Alibipässe zur Seite ohne Raumgewinn hat es so gut wie nie gegeben', hat der Löser erklärt. ‚Er war keiner, der fünf Gegenspieler ausgetanzt hat. Aber seine Fähigkeit, das Spiel zu lesen, die richtigen Passwege zu finden, sein strammer Schuss sowie sein Kopfballspiel – das war perfekt.'

Auch Rudolf Rappel – der hat in den 1950ern für die Austria gespielt und war ein guter Freund vom Ocwirk. Später hat er in der Hetzgasse dann eine Werbeagentur aufgemacht, da war ich oft zu Besuch und wir haben über früher geredet. Und meist über den ‚Ossi', wie ihn seine Freunde genannt haben. Da ist man ins Schwärmen gekommen, wenn man an die gemeinsame Zeit mit Ocwirk bei der Austria zurückgedacht hat. ‚Was Ocwirk auszeichnete, war seine physische Präsenz. Sobald er einmal den Fuß am Leder gehabt hat, war es fast ein Ding der Unmöglichkeit, ihm dieses wieder wegzunehmen', meinte der Rapppel. Die klassische Wiener Schule hätte er aber eigentlich nicht gespielt. ‚Gescheiberlt haben andere', sagte er, ‚er hat die Vorbereitung dafür geleistet.'

Für die Goalgetter Stojaspal oder Dolfi Huber zum Beispiel, die damaligen Stars der Austria. Die hatte auch noch immer den Ruf, die besten Gagen zu bezahlen. 360 Schilling plus Prämien. Da hast für einen Sieg schon 400 bis 700 Schilling bekommen. Gegen Große, wie Sportclub und Vienna, hat's auch schon mal einen Tausender gegeben und ein Derbysieg war den Austria-Chefs 2.000 Schilling wert. Darüber haben wir dann auch oft auf der Tribüne geredet. Die Liga war für die Austria wie ein Selbstbedienungsladen, da habens lieber teure Ablösesummen bezahlt als selber junge Spieler auszubilden. So war eben das Naturell der Austria. Sie ist auch, abgesehen von den jährlichen Auslandsreisen, die viel Geld gebracht haben, lieber in ihrem Umfeld geblieben. Rapid, die haben gern mal Tourneen durch die Bundesländer gemacht und sich damit überall Sympathien geschaffen. Wir waren und sind dagegen noch immer ein bisserl stolz auf unseren elitären Haufen. Auch wenn wir uns manchmal schon ein bissl anders benommen haben …

Das erste Derby, nachdem wir Meister geworden waren, war vielleicht das Schlimmste, das ich je erlebt hab, Bub. Wir sind ins Praterstadion, das war mit über 50.000 Zuschauern ausverkauft, und die Stimmung war ohnehin schon aufgeheizt. Die Grünen aus Hütteldorf hatten uns noch immer nicht verziehen, dass wir ihren 50. Geburtstag versaut haben, und wir haben tunlichst drauf geachtet, dass sie es nicht vergessen. Und dann sind wir nach 70 Minuten plötzlich 1:4 hinten. Unterschätzt haben wir sie, aber dann ist was passiert, was bei der Austria selten passiert. Da ist ein Ruck durch die Mannschaft gegangen, da wurde plötzlich gekämpft und mit einem Elfer vom Huber haben wir auf 2:4 verkürzt. ‚Gemma, gemma, gemma' haben wir gerufen, aber dann kam die berühmte Rapid-Viertelstunde, wo der Legende nach die Grünen immer über sich hinauswachsen. Nicht an diesem Tag, Bub, nicht an diesem 23. Oktober 1949. Nervös sinds plötzlich geworden und der unvergleichliche Stojaspal trifft ein paar Minuten vor Schluss zum 3:4. Bub, auf der Tribüne gab's kein Halten mehr! Hüte, Regenschirme, Schuhe und Mäntel sind durch die Gegend geflogen. ‚Seit wann können die Burschen denn kämpfen?', hat einer geschrien und ich hätte ihm geantwortet, aber ich hatte längst den Boden unter den Füßen verloren und mein Gesicht war gegen den Rücken meines Vordermanns gedrückt. Und weißt was, Bub? Dann gleicht der Stojaspal auch noch aus! Mit der letzten Aktion im Spiel – 4:4! Aber dann war's vorbei mit der Gemütlichkeit. Der Ocwirk hat dem Robert Dienst, mit dem er früher gemeinsam beim FAC gespielt hat, so eine geschmiert, dass der k. o. gegangen ist, aber hinter dem Schiedsrichter. Vorher schon hatte unser Kleibl einem Rapidler das Haxl gestellt, aber auch der Dienst hatte einen Gegenspieler umgerempelt: beide haben dann für drei Wochen nicht spielen dürfen. Und eben als Revanche für den malträtierten Austrianer hat der Ocwirk dem Dienst eine geschmiert. Der Schiri hat's nicht gesehen, aber der Linienrichter, und so habens den Ocwirk für vier Wochen aus dem Verkehr gezogen. Ich hab das alles nur am Rande mitbekommen, weil ich mich auf der Tribüne permanenter Angriffe von Rapid-Anhängern erwehren musste, die nun ihrerseits den Austrianern eine schmieren wollten. Ich hab mich dann schleunigst aus dem Staub gemacht. Aber das war ein Spiel für die Geschichtsbücher. Genau wie das sogenannte Derby des Jahrhunderts …"

Der Alte wird still, wie er an diesen 17. September 1950 denken muss.

55.000 Zuschauer waren ins damals noch unbedachte Praterstadion gekommen. Strömender Regen, nass bis auf die Haut waren die Leute. Und der Taumel der Begeisterung riss einmal die eine, dann die andere Anhängerpartie mit. Rapid, die eigentlich grad eine mittlere Krise durchmachten, und wir, die amtierenden Meister. Nach zehn Minuten führen die Grünen 2:0, wir führen zur Halbzeit 4:3, dann verschießt der Dolfi Huber einen Elfmeter, 4:4, 5:4 für uns, und am Ende verlieren wir 5:7. Das war ein

Spiel! Das war der Beweis dafür, dass das Derby das Salz in der österreichischen Fußballsuppe ist. Hochspannung, Dramatik und wunderbarer Fußball im Gewitter- und im Torregen. Noch immer elektrisiert von der Partie bin ich heimgegangen. Schirm und Hut hab ich irgendwo in der Menge verloren, wieder einmal, da wird die Elisabeth schimpfen, denk ich mir. Ich gehe etwas schneller, selbst die vier im Jeep, wie die gemeinsamen Militärstreifen der Vertreter der vier Besatzungsmächte genannt wurden, hatten das Verdeck drüber und sahen alles andere als erfreut über das Wetter aus. Es war fünf Jahre nach dem Krieg, es blühte der Schwarzmarkt. In der Stadt hattens lange mangels Alternativen an jedem Flecken grüner Wiese Gemüse und Kartoffeln angebaut. Ha, da hätte man sich noch über so ein Wetter gefreut, denk ich mir. Der Walter, mittlerweile zwanzig Jahre alt, hat den Lastwagenführerschein gemacht, und fährt jetzt für Lebensmittelhändler hin und her. Oft bis spät in der Nacht, und oft muss er sehr früh raus. Braver Bub, dachte ich mir damals, unterstützt die Familie. Oft hat er Brennholz gebracht, genug für zwei Haushalte. Ich hab nie gefragt, woher. Wenn's ums Überleben geht, ist schließlich alles erlaubt, dachte ich in Erinnerung an den Großen Krieg.

Wie ich die Wohnungstür aufsperr, merk ich, dass der Walter schon daheim ist. Er sitzt in der Küche, das Gesicht in den Händen vergraben, und weint. Ich geh hin zu ihm, groß ist er geworden, der Bub, denk ich mir, und mir wird ganz kalt, aber nicht vom kalten Regen. Da stimmt was nicht, wo ist die Elisabeth, und ich sag zum Walter, wo ist die Mama? Und er sagt: ‚Im Krankenhaus. Auf der Ringstraße ist sie zammg'fahrn worden.'

Meine Elisabeth. Tot? Wir sind sofort ins Allgemeine Krankenhaus, der Walter ist mit dem Lastwagen gefahren. Nein, denk ich die ganze Zeit, nein, nein, nein. Das ist sicher nur ein Irrtum, die Elisabeth, sie wollte ja heute nur schnell … ja, was wollte sie heute eigentlich? Ich bin ja bald weg heut, zum Spiel, immerhin war Derby, ich hab die Elisabeth gar nicht gefragt. Was hab ich als Letztes gesagt zu ihr? Ich glaub sie hat gesagt: ‚Machts net zu wild, du bist nimmer der Jüngste', und ich hab sowas gesagt wie jaja. Was ich halt immer gesagt hab. Meine Elisabeth. Tot? Der Arzt bestätigt. Ein Lastwagen hats erwischt. Sie ist über die Straße gelaufen, aber hat wegen dem ganzen Regen nichts gesehen. Gibt's nicht, denk ich, und muss fast lachen. Da überlebts zwei Weltkriege und dann fahrens sie auf der Wiener Ringstraße über den Haufen. Weils geregnet hat! Wie oft sind wir im Finstern in den Bombenkeller, und die Elisabeth, die Gute, die hat den Walter immer am Arm gepackt und hat den Weg blind gekannt. Wo es passiert ist? Direkt vorm Burgtheater ist es passiert. In ihrer Handtasche hats zwei Karten gehabt. Zwei Karten im Parterre, vierte Reihe, links. *Was ihr wollt,* von William Shakespeare. Und ich hab angefangen zu weinen. Shakespeare, darüber haben wir uns damals unterhalten, als wir uns kennengelernt haben, damals vor 25 Jahren. Du hast über Shakespeare und den Horvath geredet und ich nur über die Austria. Einen blöden Witz hab ich damals gemacht, aber sie hat mich dann doch genommen und geheiratet und mir zwei Buben geschenkt. Shakespeare. Da wollte sie mit mir hin, wir waren schon so lang nimmer im Theater gewesen. Ich glaub vor dem Krieg war das letzte Mal. Der Walter war noch so klein, dann war der Krieg und dann das mit dem Karli. Und zwischendurch immer wieder, immer wieder Austria Wien. Wer war jetzt die Liebe meines Lebens eigentlich? Eine Frage, die ich nicht beantworten kann. Und nicht will.

Der Alte blickt stumm auf seine Knie und Tränen rinnen über seine Wangen. Der Große legt ihm den Arm um die Schultern: „Opa, ist alles gut?“

„Jaja“, nickt der Opa, „ich hab mich nur an was erinnert.“ Und denkt: Es ist schon so lang her …

„Hast an die Oma gedacht. Das war ja an dem Tag mit dem Regenderby …“, sagt der Große vorsichtig.

„Ja, nein, ist schon gut“, sagt der Alte und schneuzt sich in sein Stofftaschentuch.

Der Große sagt: „Opa, weißt was? Ich mach eine Jause. Es ist eh was da. Wurst, bissl Käse, Gurken. Das Brot backen wir kurz auf, dann ist es knusprig. Wenn du magst, dann bleiben wir heute Nacht da? Dann ruf ich schnell die Mama an, die wird das schon verstehen.“ Und außerdem muss ich dann die Geli-Oma net sehen, fügt er in Gedanken hinzu.

Der Alte blickt ihn dankbar an und sagt: „Ja, ist gut.“ Dann sieht er auf den Kleinen, der noch immer vor dem Lehnstuhl hockt und gespannt wartet. „Und ich erzähl weiter vom Ocwirk und der großen Austria der Fünfzigerjahre“, sagt er und klopft wie als Erinnerungsstütze auf das alte, grüne Buch mit den goldenen Buchstaben.

„Also zurück zu den Fünfzigern. Ich hab ja schon erzählt, dass die Austria sich hat umstellen müssen. Im Jänner 1950 schon war der erste Vereinspräsident und Gründer Erwin Müller mit 71 Jahren gestorben. Ein Pionier des Fußballs und als Schreiber beim Sport-Tagblatt führte er die beste und einfallsreichste Feder auf dem schwankenden Terrain der Sportjournalistik. Die Welt also veränderte sich. Das alte Scheiberln ging auf Dauer dann auch nicht mehr gut. Ein Zeichen der Veränderung war auch der Ocwirk, der die Rolle des Mittelläufers untypisch offensiv auslegte. Heute würde man wahrscheinlich sagen, er hat das Spielfeld geöffnet. Die meisten der Spieler waren damals noch mit dem Gesicht auf dem Ball, sie haben alle den Schädel auf der Erde gehabt. Ocwirk war immer aufrecht, da ist das Spielfeld gleich noch größer geworden. Auch seine Torgefährlichkeit unterschied ihn von früheren herausragenden Center-Halfs der Wiener Schule wie Smistik und Leopold Hofmann. Der Londoner Korrespondent des Zürcher Sport sah 1950 den 1:0-Sieg der Austria gegen den englischen Meister Tottenham in London: ‚Das einzige Tor wurde von keinem Stürmer, sondern von Mittelläufer Ocwirk erzielt. Das schlug dem Fass den Boden ein!' Zwischenzeitliche Siege haben die Leut glauben lassen, dass eh alles gut ist und die Austria noch die nächsten hundert Jahre so spielen sollte. Aber das 2-3-5-System war halt seit den Vierzigerjahren nicht mehr zeitgemäß. Der Ocwirk entgegnete der lauter werdenden Kritik erst noch, solange Erfolge erzielt würden, sollte er diesen Posten behalten! Der Ocwirk war so gefährlich, dass sie ihn teilweise von gegnerischen Stürmern manndecken ließen, wie der deutsche Trainer Sepp Herbeger bei einem Wien-Gastspiel von Max Morlock. Und es hat funktioniert, naja, zumindest das eine Mal. Dann später besuchte Englands Kapitän Billy Wright einen Tag vor dem 2:2 in London inkognito das österreichische Teamhotel, um den ‚einzigen offensiven Mittelläufer der Welt' zu sehen. ‚Er ist ein Kuriosum', sagte er den englischen Medien später.

Doch weißt, Bub, der Ocwirk war nicht nur eine kuriose, sondern auch eine unbestritten erfolgreiche Erscheinung. 1951 wurde er zu Österreichs Sportler des Jahres gekürt, 1952 wählte ihn die französische Fachzeitschrift France Football zum besten Mittelläufer Europas, 1953 folgte die erste Einberufung in die FIFA-Weltauswahl. Das internationale Renommee vom Ocwirk war so groß, dass sich die Austria vertraglich verpflichten musste, ihn bei Auslandsreisen mitzunehmen. Sonst wurde sie nicht eingeladen. Und Reisen es gab unzählige. ‚Kaum ist die Saison vorbei, sitzen wir schon im Flieger nach Südamerika, Neuseeland oder irgendwo innerhalb Europas'", las der Alte nochmal aus den Mitschriften vom Ocwirk vor.

„Die Eindrücke, die der Ocwirk dann dort gewann, hat er verarbeitet. Auch seinem Austria-Trainer Wudi Müller sagte er: ‚So können wir nicht weiterspielen. Wir müssen unsere Deckung verstärken. Ich schaffe das allein nicht mehr. Und mit fünf Stürmern können wir auch nicht mehr spielen.' So passte die Austria ihr System schließlich doch an, mit Ernst Ocwirk als Verbinder präsentierte sie sich im August 1953 gegen Dinamo Zagreb erstmals im WM-System. Trotz des 3:1-Siegs versprühte das Spiel wenig Glanz. Wenige Wochen später scheiberlten Ocwirk und Co. den 1. FC Kaiserslautern wieder im alten 2-3-5-System mit 9:2 vom Feld.

1953 gab es auch eines der schönsten Fußballspiele, das Wien je gesehen hat. Die Honvéd Budapest war beim Osterturnier zu Gast mit all ihren Stars. Grosics, Czibor, Lóránt, Budai, Kocsis und natürlich Ferenc Puskás, das ungarische Pendant zu unserm Ocwirk. Gute Freunde sollens damals gewesen sein. 60.000 Zuschauer waren im Praterstadion, nach 16 Minuten liegt die Austria 0:4 zurück. Na servas, denke ich, das kann was werden, die nehmen uns ja gehörig auseinander. Puskás und Kocsis praktizieren ein Stürmerspiel, wie es in dieser Vollendung vielleicht nur ein Kálmán Konrád oder ein Matthias Sindelar erreicht haben. Aber wieder einmal, wenn man es am wenigsten erwartet, überrascht einen die Austria. Kominek, Pichler mit einem satten Schuss, Ocwirk, noch einmal Kominek – und es steht 4:4! Zur Pause führt Honvéd 5:4 und bald nach Wiederanpfiff schon 6:4, als der Puskás, der beste Fußballer Ungarns und somit nah dran am besten Fußballer der Welt, einen Elfmeter zugesprochen bekommt. Wir haben uns schon abgewandt, weil so einer trifft eben immer. Doch was passiert? Unser Goalmann, der Paul Schweda, hält den Elfer! Da kriegen wir die zweite Luft, stürmen vor, Pichler, dann Stojaspal, es steht 6:6! ‚Jetzt ist schon egal, wer gewinnt', stammelt ein fassungsloser Mann neben mit, dem vor lauter Jubel und Euphorie der Schweiß auf der Stirn steht. Und als der Zeiger auf die 90. Minute zurückt, trifft der Kocsis noch zum 7:6. Fast hätte der Schweda den auch noch gehabt. Aber an diesem Tag gab es keinen Verlierer, da hat der Fußball gewonnen. Ein schöneres Spiel hab ich danach nicht mehr im Stadion gesehen. Spannende schon, das ja. Aber schöner war der Fußball danach nicht mehr."

Der Alte lächelt, als er an diese glorreiche Niederlage denkt. Wahrscheinlich war es die einzige Niederlage der Austria, nach der man sich nicht beschämt an den Kopf gegriffen hat. Manchmal hatte man ja den Eindruck, die verlieren mit Absicht. Der Alte schüttelt den Kopf. Apropos Absicht: „Das Finale zu unserm fünften Meistertitel, Bub, das war vielleicht kurios. Wir haben im letzten Spiel die Wacker als Gegner, die gibt's heute nicht mehr. 46.000 Zuschauer im Praterstadion. Wer gewinnt, ist Meister. Blut geschwitzt hab ich, wir haben uns wieder mal in viele Spielereien verstrickt und wenn der Melchior net den Ausgleich erzielt hätte, wer weiß, was passiert wär. Jedenfalls geht's 1:1 aus. Durch dieses Unentschieden hatte nun Rapid die Möglichkeit, in der nächsten Runde mit einem Punktegewinn gegen Wacker die Austria zum Meister zu machen. Und prompt hat sich in den Tagen vor dem Spiel in Wien rasend schnell das Gerücht verbreitet, die Rapid werde absichtlich verlieren. Der Austria, dem Erzrivalen zum Meistertitel verhelfen? Das geht ganz und gar nicht. Aber am Ende war's ein 3:3 und die Austria war mit einem Punkt Vorsprung eine Runde vor Schluss quasi fix Meister."

Der Kleine runzelt die Stirn, man sieht wie sein Gehirn arbeitet. Er nimmt die Finger und rechnet. „Aber Opapa, wieso war die Austria schon Meister, wenn die Meisterschaft noch gar nicht aus war? Und für einen Sieg gibt's ja zwei Punkte. Das war unvorsichtig."

Der Opa schaut den Kleinen nachsichtig an und meint nur: „Aber in der letzten Runde spielten wir gegen den Grazer SC."

Den verständnislosen Blick des Kleinen kann der Alte erst nach einigen Augenblicken deuten. Er kichert verhalten und erklärt: „Nun Bub, der Fußball in Österreich war damals noch immer eine reine Wiener Angelegenheit. Es spielten zwar Mannschaften aus Graz, Eisenstadt oder Linz mit, aber die waren noch weit davon entfernt, eine Überraschung zu liefern. Die Austria hat ihr Spiel in der letzten Runde gegen den Grazer SC mit 12:3 gewonnen und die Wacker gegen Sturm 7:2. Solche Ergebnisse waren damals noch recht normal. Die Leistungen, die der Ocwirk und auch der Stotz Karl abgeliefert haben, der beste Verteidiger, der je das Austria-Dress getragen hat, haben ihnen dann die Einführung ins FIFA-

Team gebracht, von dem der Ocwirk sogar der Kapitän war. Stell dir das vor, Bub, ein Spieler der Austria war Kapitän der Weltauswahl, also der besten elf Spieler der Welt! 1954 hat der Ocwirk als Kapitän dann das Nationalteam zum 3. Platz bei der WM in der Schweiz geführt und wurde von allen vier WM-Korrespondenten des deutschen kicker in die WM-Elf gewählt. Aber fies warens trotzdem, die Deutschen. Denn in ihrer WM-Analyse begrub die deutsche Fachzeitschrift die Wiener Schule endgültig: ‚Auch die als Fußballer auf die Welt kommenden großen Taktiker können nicht binnen weniger Monate nachholen, was in falschverstandener Romantik in Wien 15 Jahre lang versäumt wurde', habens geschrieben. Zurück in Österreich wurden die Rufe nach Veränderung unüberhörbar. ‚Spät, aber massiv, brach die Ära des WM-Systems in Österreich an', schrieb das *Sportjahrbuch 1955* rückblickend. ‚Im Zeitalter des Tempo- und Kraftfußballs erfolgte ein Rückschlag, der nicht zuletzt mit der österreichischen Mentalität zusammenhängt. Ihm fiel der typische wienerische offensive Mittelläufer zum Opfer.

Der berühmteste Vertreter dieser Position konnte aber weiterhin individuelle Erfolge verbuchen: 1955 wurde Ernst Ocwirk zum zweiten Mal ins FIFA-Team nominiert, seine Europaauswahl besiegte am 13. August Großbritannien in Belfast 4:1. Ein Jahr später wechselte er zu Sampdoria in die Serie A. Mit der Austria hatte Ocwirk in neun Jahren 477 Bewerbsspiele absolviert, 77 Tore geschossen und drei Meisterschaften sowie zwei Cupsiege geholt. Mit ihm verließen auch weitere Stützen wie Ernst Stojaspal und zuvor schon Ernst Melchior den Verein, die erfolgreiche Austria-Mannschaft brach auseinander. ‚Es ist ein Loch entstanden', hat mir der Hans Löser erzählt, der noch bis 1965 beim Verein blieb. ‚Da hätte nachkommen können, wer wollte. Die waren nicht zu ersetzen.'

Und das hat man bald gemerkt. Die letzten Jahre nach dem Abgang von Melchior, Ocwirk und Stojaspal, das war dann schwierig. Bis dahin war die Austria wahrscheinlich die beste Mannschaft Europas. Leider ist der Europacup erst danach gekommen."

Norbert Lopper und Joschi Walter

1961 – 1970

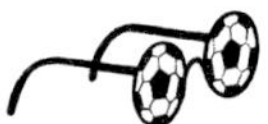

„Einen ganz wesentlichen Menschen, der 1953 zur Austria kam, muss ich auch noch erwähnen: den Norbert Lopper. Der hat früher in Wien bei der Hakoah gespielt, im Krieg ist er dann, weil er Jude war, geflohen, aber die Nazis haben ihn und seine Frau gefangen und nach Auschwitz geschickt. Er hat's überlebt, seine Frau nicht. Seine Mutter wurde durch einen SS-Mann gerettet, dem wollte er viel später einen guten Job bei einem jüdischen Kaufmann verschaffen, was dieser ablehnte. Er, der ohnehin in den SS-Prozessen als Zeuge ausgesagt hatte, kam aus Günzburg, der Stadt Josef Mengeles, und könne dort nicht bei einem Juden arbeiten.

Jedenfalls, 1952 hat er mit dem Walter Herzfeld die Austria Anhängervereinigung gegründet, der bin ich dann bald beigetreten. Der Lopper, das war ein ganz Großer, Bub, der hat Visionen gehabt und sich dafür die richtigen Leute gesucht. Der Lopper war eigentlich zuerst nur ein Fan, hat dann angefangen Spiele zu organisieren und ist mehr und mehr in die Rolle des Klubsekretärs gerutscht, was er dann auch fix geworden ist. Der war dreißig Jahre lang dann eben das Mädchen für alles. Der hat Ideen gehabt, Bub, Visionen! Und es ging immer ums Geld.

Einmal läutet beim Dr. Eckerl in der Kanzlei das Telefon, ich war grad beruflich bei ihm, und der Eckerl hebt ab. Der Lopper ist am Telefon, wie er mir bedeutet. Der ist ganz außer sich. Der Exekutor war da, will pfänden, was da ist, wenn keine 1.000 Schilling gezahlt werden können. Der Eckerl zuckt mit den Achseln und sagt: ‚Lassens pfänden, is eh nix da.' Und legt auf. Da hat der Lopper gemerkt, er braucht einen Finanzier, einen, der seine Visionen teilt. Der Lopper hat um kleine Honorare gearbeitet, in einem Sekretariat mit 45 Quadratmeter, und hat das Geld oft bei den Anhängern zusammengeschnorrt. Und er hat international gute Verbindungen gehabt, so wie früher schon der Hugo Meisl. Aber zunächst hat er sich in der Heimat umgeschaut. Von der Helfort holte er 1957 den Horst Nemec, den Goalmann, den Gernot Fraydl, später noch den Hans Buzek. Aber die wichtigste Personalie damals hat er auf Funktionärsebene gefunden. Weil, den Joschi Walter hat der Lopper auch gebracht.

Die Austria hat wieder einmal Schulden gehabt, der Lopper war mit dem Walter oft zum Mittagessen in der *Resi-Tant*. Der Walter hat selbst früher Fußball gespielt, sogar in der Olympiaauswahl, die 1952 in Helsinki Bronze gewonnen hat, und beim Mitttagessen war immer der Fußball Thema. Dann ist er erfolgreicher Autoverkäufer geworden. Später hieß es, er wär der reichste Mann Wiens. Naja, jedenfalls. Der Eckerl, der schon während die Nazi Präsident war, löst 1957 den Michl Schwarz ab, der aber weiter Ehrenpräsident bleibt und viel zum Sagen gehabt hat. Der Lopper hat irgendwann den Walter für die Austria gewinnen wollen. Als Geldgeber, Funktionär, als Mäzen. Der hat ein Gespür für Leut gehabt und gewusst, der Joschi Walter kann uns helfen. Aber der Walter hat irgendwann die Bücher von der Austria verlangt, dann eine bestimmte Summe Geld von jedem Vorstandsmitglied. Das waren seine Bedingungen für einen Einstieg. Loppers Vorteil war, dass er die Rückendeckung vom Schwarz gehabt hat. ‚Haun mir alle ausse', soll er gesagt haben, als der Walter sich wieder geziert hat.

In der Generalversammlung, ich glaub das war 1959, wird der Joschi Walter Geschäftsführer. Der Präsidentenposten vom Eckerl wird nicht nachbesetzt. Der Walter ist damit sozusagen Chef der Austria. Das blieb er, bis er vor drei Jahren gestorben ist. Das Herz ist ihm explodiert, habens gesagt. Das Fußballherz. Das würde ihm jetzt wahrscheinlich auch explodieren, wenn er das da sehen könnte.

Es hat ein paar Jahre gebraucht, bis das System Lopper-Walter gegriffen hat. Erst als sie den Karl Schlechta als Trainer geholt haben. Der war als Spieler schon eine Wucht bei der Wacker und hatte als Trainer Anfang der 1960er Jahre innovative Ideen. Hat das Training umgestellt von zweimal auf viermal pro Woche. Die Spieler haben ja sonst nichts zu tun gehabt, also, die sich nicht eine Arbeit gesucht haben, wie der Stotz oder der Schlechta selbst. Sind im *Café Savoy* gesessen und haben Karten gespielt. Der Stotz, der als Vertreter bei einer Computerfirma mehr verdiente als bei der Austria, ist gekommen, wann er wollte. Der Schlechta hat ihn Strafe zahlen lassen, ihn, den großen Stotz, den Ur-Austrianer. Sinds zum Walter gerannt und haben sich beschwert. Der Gernot Fraydl, der beste Tormann der 1960er Jahre, der wäre fast zu Arsenal gewechselt, hat Karten gespielt bis spät nachts mit dem Geschäftsführer, mit dem Walter. Als er am nächsten Tag zum Training zu spät kam, hat ihn der Schlechta heimgeschickt. Der ging zum Walter, sich beschweren. Und weißt, Bub, was der Walter zu ihm gesagt hat: ‚Na und? Weißt net wann du heimgehen sollst vom Karten Spielen?'

Hinten hat der Stotz, wenn auch in die Jahre gekommen, alles aufgehalten, dazu der Hirnschrodt, vorne der Hansi Riegler, der auch mal bei Rapid war, der unvergleichliche Horst Nemec mit dem Ernst ‚Dralle' Fiala im Sturm. ‚Dralle' habens ihn genannt wegen dem Haarwasser, das er benutzt hat: Dr. Dralles Birken-Haarwasser. Auf dem Papier Stürmer, praktisch Spielmacher aus dem Mittelfeld, technisch hervorragend, entscheidende Passbälle – aber seine ‚Manieren' haben eine größere Karriere verhindert.

Nach dem Meisterjahr 1960/61, das ganz famos war, habens in der Zeitung geschrieben, und zwar – das war bemerkenswert – unter dem Titel ‚Gutes Veilchen-Jahr' …" – der Alte kramt noch mal in der kleinen Kiste mit vergilbten Zeitungsausschnitten, bis er das gesuchte Papier findet. „Also: ‚Die Saison 1960/61 wird als besonders gutes Veilchen-Jahr in die Fußballgeschichte eingehen. Die Austria hat nicht nur zum sechsten Mal (zum vierten Mal nach dem Krieg) den Meistertitel errungen. Die Violetten, die stets als besonderes Symbol für die Unverlässlichkeit galten, um sehr oft ‚in Schönheit zu sterben', sind nicht mehr das verwöhnte Starensemble von einst, dem Meisterschaftspunkte zu gering dünkten und das nur aus sich herausginge, wenn man um den Mitropacup oder andere heiß begehrte internationale Trophäen spielte. Die Austria ist heute mit Abstand die verlässlichste Mannschaft der Staatsliga; das geht schon daraus hervor, dass sie schon im Herbst an der Spitze lag und in der Frühjahrssaison bis jetzt noch kein Spiel verloren und lediglich dreimal remisiert hat. Wenn auch noch vier Runden bis Meisterschaftsende zu spielen sind, so kann man schon jetzt beruhigt sagen, dass seit vielen Jahren keine österreichische Mannschaft mit so großem Vorsprung eine Meisterschaft gewonnen hat. Die Austria von früher hat sicher an den besonderen Glanztagen vollendeter gespielt als die heutige; die Veilchen des Jahrgangs 1961 haben vielleicht mehr Handwerker als Solotänzer in ihren Reihen, gerade diese zeitbedingte ‚Schwäche' ist zur Stärke geworden. Gibt es auch noch Austrianer, die den Schmäh trefflich laufen lassen – die Violetten neuester Prägung erkämpfen ihre Erfolge.'"

Der Alte muss plötzlich herzhaft lachen. Der Große und der Kleine blicken sich verwundert an.

„Was ist denn so komisch?"

Der Alte wischt sich eine Träne aus dem Auge und meint: „Ich kann mich noch sehr gut an den Tag erinnern, als das in der Zeitung stand. Wir sollten am Ende die Meisterschaft mit sieben Punkten Vorsprung gewinnen, aber was glaubst, ist eine Woche nach dem Artikel in der Zeitung passiert? Na, was wohl, sag ich euch. Es war eine Schlammschlacht, eine echte Regenpartie am Wackerplatz und wir haben mit 3:4 verloren. Gegen die Wacker, die auf einem Abstiegsplatz gelegen hat und am Ende der Saison auch tatsächlich abgestiegen ist. Da war die Welt wieder in Ordnung, wir hatten unsere launische Austria wieder. Interessiert hat das damals aber eh nur bedingt jemanden. In Wien haben sich der Kennedy und der Chruschtschow getroffen und darüber haben die Zeitungen seitenweise berichtet. Unser Meistertitel war eine Fußnote.

Dafür haben wir im Jahr darauf erstmals im Meistercup gespielt und sind in der zweiten Runde gleich auf Benfica Lissabon getroffen. Die haben einen Österreicher als Trainer gehabt, den Bela Guttmann.“

„War der nicht Ungar?“, fragte der Große.

Der Alte machte eine wegwerfende Handbewegung. „Er ist noch unterm Kaiser geboren, also war er Österreicher. Hat ja dann auch bei der Hakoah in Wien gespielt.

Na, jedenfalls, wir spielen gegen die Benfica und haben keine Chance. Der Eusebio, der Aguas, die haben uns im Kreis laufen lassen. Wir sind ausgeschieden, aber ein paar Tage später treff ich den Lopper im *Café Savoy,* grübelnd. Ich setzt mich hin und sag, Grüssie, Herr Lopper, na, was hecken Sie jetzt schon wieder aus? Der Lopper schaut mich an und sagt: ‚Warum nicht so einen wie den Aguas nach Wien holen?‘ Ich hab vor Lachen in meinen Kaffee gespuckt und gesagt, Herr Lopper, was soll denn der Aguas bei uns? Der Lopper überlegt. ‚Wenn die Marie passt, kommt er. Und wenn er kommt, dann rollt bei uns die Marie.‘ So dachte der Lopper, und das ist nicht nur einmal genau so gelaufen, wie er das gesagt hat. Um 400.000 Schilling holt der Lopper tatsächlich den Aguas, den zweifachen Europacupsieger, nach Wien, der bekommt selbst noch 720.000 Schilling. Das war 1963. Der war aber körperlich schon total am Sand, 32 Jahre alt, und von Medikamenten schon ausgehöhlt. Aber natürlich haben die Leute gesagt ‚gemma Aguas schaun‘. Der Aguas selbst hat unter Trainer Edi Frühwirth, der ohnehin ein Defensivapostel war, aber dann kaum gespielt. Der hat nicht mehr mitgehalten. Er hat nur eine Handvoll Spiele gemacht und ist dann wieder verschwunden. Kurz darauf treff ich den Lopper wieder im *Savoy* und sag, na, Herr Lopper, das mit dem Aguas war aber eine ziemlich Schnapsidee. Der Lopper sieht mich an, beugt sich vor und sagt: ‚Zu den ersten beiden Spielen im Austria-Dress vom Aguas gegen Stoke City und den 1. FC Köln sind 50.000 und 30.000 Zuschauer gekommen. Wir haben eineinhalb Millionen Schilling verdient. Und jetzt sagens nochmal, dass das eine Schnapsidee war.‘ Ich war total baff. Der Lopper, das war ein gefinkelter, ein sehr gescheiter Mann.

Da fällt mir noch was ein: Vor dem *Savoy* war's mit dem Parken nicht so einfach. Kein freier Platz, aber ein Haufen Verbotstafeln. Wer dem Schwindel nahesteht, der stellt seinen Wagen in die zweite Spur – und zahlt. Einmal hab ich mitbekommen, wie ein Journalist von der Kronenzeitung, ein sehr kluger Mann, beim Lopper im *Savoy* ist und ein Interview macht. Da fragt er den Lopper nach seinem Strafzettelbudget und der sagt: ‚Jeden Tag kommt einer von uns dran, dafür sorgen schon die jungen, neuen Polizisten. Aber einmal im Jahr, da präsentieren wir ihnen die Rechnung: Wenn ein Beamter mit der Spendenliste für den Polizeiball kommt, gebe ich ihm anstelle eines Schecks stumm die gesammelten Strafquittungen.‘

Nach fünf Jahren in Italien ist dann der Ernst Ocwirk zur Austria zurückgekehrt. Die Mannschaft konnte sofort an die früheren Erfolge anknüpfen und holte 1962 Meistertitel und Cupsieg. Zum Titelgewinn 1963 trug Ocwirk nur noch in den ersten Runden etwas bei. Nach fünf Einsätzen beendete er seine aktive Karriere und ging als Trainer zurück zu Sampdoria. Auch, weils ihn beim letzten Spiel ausgepfiffen haben. Das war nicht fein, der Ocwirk hat sich so gefreut, hat vor dem Spiel noch gesagt, er wird weiter bei der Austria trainieren und ‚hoffen‘, dass vielleicht das eine oder andere Mal einer ausfällt. Aber er war halt auch schon 37 Jahre alt. Nach drei Jahren in Italien löste er 1965 seinen früheren Mentor Eduard Frühwirth als Austria-Trainer ab. Schon als Spieler für seine Arbeitsmoral bekannt, knüpfte Ocwirk als Trainer hier nahtlos an. Seine Trainingsmethoden waren innovativ, aber auch sehr hart. Er legte auf Disziplin höchsten Wert, nahm auf große Namen keine Rücksicht und eliminierte Stars wie den Horst Nemec aus dem Kader. Der Nemec. Egal, ob du in Wien irgendwo in einen Park gegangen bist oder im Käfig, wo die Buben Fußball gespielt haben – wenns die Mannschaften ausgewählt haben, wolltens alle immer der Nemec sein. Der hat das breite Repertoire an Toren draufgehabt. Von elegant bis stümperhaft, aber Hauptsache drin. Mit dem Gewicht hat er Probleme gehabt, hat viele Radikalkuren unternommen, dadurch hat er sich auch den Köper kaputt gemacht und ist noch jung gestorben, mit 45 Jahren. Zu den drei Meistertiteln von 1961 bis 1963 hat er dreimal den Torschützenkönig beigetragen. 270 Spiele, 170 Goals, so ungefähr war die Statistik. Aber der Ocwirk hat neue, junge Spieler wollen. Bald bekam der ehemalige Freigeist den Ruf eines Schleifers. Ocwirk ließ oft zweimal täglich trainieren und stellte auch die Ernährung der Spieler komplett um. Vor dem Spiel Steak, Salat, Knödel mit Ei. Zu trinken ein Achterl Rotwein, aber kein Wasser. Der Josef Hickersberger, den Ocwirk 1965 persönlich aus Amstetten zur Austria geholt hatte, hat einmal erzählt: ‚Das Training war für damalige Verhältnisse außergewöhnlich gut. Nur das Achterl Rotwein war eine Katastrophe, ich habe das nicht runtergebracht. Aber darauf hat er bestanden.' Ocwirk war beim Durchsetzen seiner Ideen zu keinen Kompromissen bereit, auch wenn das negative Effekte hatte. Hickersberger litt etwa unter der Häufigkeit des Trainings und war dann sehr oft verletzt, aber darauf hat der Ocwirk keine Rücksicht genommen. In Italien hatte er gelernt, ein verstärktes Augenmerk auf die Defensive zu richten. Der Catenaccio von Helenio Herrera bei Inter Mailand war modern und erfolgreich, 1964 gewannen die Mailänder sogar den Meistercup. Das prägte auch Ocwirk. Er hat das Feld in Zonen eingeteilt und Manndeckung spielen lassen. Daran haben sich die Austrianer erst gewöhnen müssen, weißt, Bub. Stopper und Libero sind immer hinten gestanden, und alle haben sich gefragt, was die da machen. In meiner Dummheit – vor allem was Taktik betrifft – hab ich ihn komplett fehlinterpretiert. Einmal hab ich bei einem Match reingebrüllt: Schluss mit dem Catenaccio, Herr Ocwirk! Weil er mit Libero und Vorstopper hat spielen lassen hat. Zwei Verteidiger! Ein Wahnsinn. Dann hat's irgendwann doch funktioniert, nach einigen Startschwierigkeiten setzten die Erfolge ein: 1967 Cupsieger, 1969 und 1970 die Meisterschaft. Mit einer großen Mannschaft, vor allem im Sturm. Dem LASK habens den Heli Köglberger abgeschwatzt, der ist dann auch gleich Torschützenkönig geworden und war neben dem Jacaré der zweite ‚Murl'. Der Köglberger war der Sohn von einer Österreicherin und einem schwarzen US-Soldaten und hat sich in unsere

Herzen gespielt. Den Jacaré wollte der Joschi Walter 1964 erst gar nicht holen. ‚Was soll ich mit dem Neger?', hat er angeblich gesagt, aber der Lopper und der damalige Trainer Karl Schlechta haben sich durchgesetzt. Den jungen Robert Sara habens vom SV Donau geholt, der hat sich nach seinem Teamdebüt im Wembley-Stadion mit einem 3:2-Sieg gegen England ein Stück vom Wembley-Rasen daheim am Balkon eingepflanzt. Das war 1965. Der Robert Sara sollte überhaupt ein Phänomen werden. Über 1.000 Match hat der für die Austria gespielt und hat eine ganz eigene Spielweise gehabt. Der war eigentlich Stürmer und hat – als ihn der Austria-Trainer Frühwirth beobachtet hat – wegen der Verletzung von einem Verteidiger plötzlich rechter Back spielen müssen. Und überzeugt! Er war der erste offensive Verteidiger in Europa. Das hat dann auch der Ocwirk als Trainer goutiert.

Ich kann mich noch gut an ein Spiel erinnern, weiß aber nimmer, gegen wen. Der Ocwirk steht neben der Trainerbank und direkt vor ihm wird der Sara in der eigenen Hälfte angespielt. Der Ocwirk schreit: ‚Robert, marschier vor, geh!' Der Sara läuft ein paar Schritte mit dem Ball, dann schaut er auf, ob er einen Diagonalpass spielen kann, den er perfekt beherrscht – in den Siebzigern habens einmal seine Schussstärke gemessen: 119,75 Stundenkilometer! Der Ocwirk aber schreit wieder: ‚Robert, geh!' Der Sara dribbelt also ein paar Meter weiter, hebt wieder den Kopf und schaut auf. Ein drittes Mal schreit der Ocwirk, jetzt schon mit hochrotem Kopf: ‚Robert, geh!' Und der Sara dribbelt ein drittes Mal ein paar Meter weiter und bleibt wieder stehen. Da schreit der Ocwirk: ‚Robert, geh scheißn!', und dreht sich fuchsteufelswild weg.

Und im selben Jahr, 1965, bist auch du auf die Welt gekommen", sagt der Alte plötzlich zum Großen. Der hat sich mittlerweile aufs Sofa gesetzt und lauscht ebenfalls dem Opa und seinen Geschichten. „Mein Bub, dein Vater, der Walter, ist damals noch immer für den Lebensmitteladen LKW gefahren und hat's zu was gebracht, zumindest habts eine ordentliche Wohnung gehabt, und eine anständige Frau geheiratet hat er. Was er da wirklich gemacht hat, haben wir dann eh bald erfahren." Die Miene des Alten verdunkelt sich, als er an seinen zweiten Sohn denkt.

Der Große blickt still auf den Alten, dann erhebt er sich vom Sofa und sagt: „Ich richte jetzt schnell eine Jause her."

Der Alte schreckt hoch und sagt: „Ja, mach das, wo war ich? Ja, 1968. Wo die ganze Jugend verrückt geworden ist. Studentenrevolten überall, die Sowjets fahren mit dem Panzer durch Prag, bald landet ein Mensch auf dem Mond. Was soll ich dir sagen, ich war glücklich. Ich war Großvater, hab den Buben oft bei mir gehabt, weil der Walter oft lang gearbeitet hat.

Und 1968 ist dann auch mit fast 90 Jahren der gute Michl Schwarz gestorben, Obermedizinalrat war er bis zum Schluss. Da haben viele getrauert, zumindest alle, die vom Fußball eine Ahnung gehabt haben. Ein Herz für den Fußball und einen guten Schmäh. Ich weiß noch gut, das muss in den frühen 1930er Jahren gewesen sein, da wollte ich mit der Nationalmannschaft mit. Wohin, weiß ich nimmer, aber ich hab beruflich in dieselbe Richtung müssen. Ein paar Schlachtenbummler und ich wollen also in das Abteil, wo der Sindelar und die anderen gesessen sind. Der Meisl steht vorm Eingang und schreit: ‚Ka Zugang, nur für Spieler!' Da drängt sich von hinten der Michl Schwarz vor und sagt: ‚Aber bitte, ich muss doch mit, ich bin der Schwarz von der Austria.' – ‚Ka Ausnahm', hat der Meisl gesagt und die Tür verriegelt. Wir sind wie daschlagen dagestanden. Wenn nicht mal der große und wichtige Michl Schwarz mitdarf, was wollen denn dann wir Rotzbuben – und sind abgezogen. Erst viel später hat mir der Schwarz erzählt: ‚Das war alles ein Schmäh. Der Meisl wollte solche Leut wie dich net bei die Spieler haben, so kurz vorm Match. Als ihr alle weg warts, ist der Meisl zurückgekommen und wir haben uns in das halbleere Coupé gesetzt und auch die Spieler haben ihre Ruhe gehabt.' Da lachte der Schwarz, als er mein Gesicht gesehen hat, und sagt noch: ‚Aber mach dir nix draus. Das haben wir jedes Mal gemacht, wenn Ländermatch war.'

Jaja, der Schwarz. Einer von den Guten war das. Einer von den vielen, guten Funktionären. Später war da zum Beispiel noch ein Leopold Böhm, der darauf geschaut hat, dass die Spieler ihr Geld auch gut anlegen. Oder kurzfristig auch der Mautner Markhof, mit dem der Joschi Walter ja einen tollen Handel gemacht hat. Mitte der 1960er Jahre war die Austria die erste Mannschaft mit einem Sponsor auf dem Trikot. Aber nur dezent angedeutet, das Seidlglas von Schwechater. Auch so ein Winkelzug vom Duo Walter/Lopper."

Prohaska und das Europacup-Finale

1971–1980

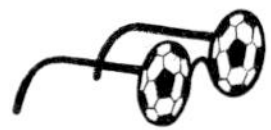

Sie setzen sich um den Tisch, wo der Große eine Jause hergerichtet hat.

„Magst ein Bier, Opa?“ fragt der Große.

„Ja, ein Halbertes werd ich schon trinken können.“

Das Trikot mit dem Schwechater-Seidl drauf. Das war damals in Europa noch verpönt, aber der Walter hat's trotzdem gemacht und war ein Vorreiter damit. Man stelle sich vor, noch heut würden sie sich über Sponsornamen im Vereinsnamen oder am Vereinstrikot beschweren. Ist alles recht, denkt sich der Alte, solangs meine violetten Farben in Ruhe lassen.

Schweigend jausen sie vor sich hin, der Große zündet sich dann eine Zigarette an. Memphis. So wie der Verein eben auch geheißen hat. Wieder ein Schachzug vom Walter und vom Lopper, als sie 1977 die Austria Tabak als Hauptsponsor für die Austria gewinnen konnten. Da hieß der Verein dann FK Austria Memphis.

Der Kleine kratzt sich am Kopf: „Opapa, eins versteh ich nicht. Du erzählst so oft vom Praterstadion, aber die Austria spielt ja jetzt am Horr-Platz in Favoriten. Warst du dort nie?“

Der Alte lächelt. „Doch, doch, mein Kleiner. Aber die Austria war viele Jahre ihres Seins auf Wanderschaft. Nachdem wir 1928 den Platz in Ober-Sankt-Veit verkaufen mussten, waren wir permanent irgendwo zur Untermiete. Bis wir eben den Platz in Favoriten bekommen haben. Das war ein großer Verdienst vom Norbert Lopper. Wir haben über die ganzen Jahre überall gespielt: im Prater, in Simmering, auf der Hohen Warte, die längste Zeit als Gast am Sportclub-Platz in Hernals. Bis die ein bissl unverschämt mit der Platzmiete geworden sind. Aber der Lopper hatte ja gute Verbindungen zur Stadt und vor allem zum Wiener Verbandspräsidenten Franz Horr, ein roter Nationalrat. Der hat der Austria die Verbandsplätze im 10. Bezirk übertragen. Bub, das war ein Wahnsinn! Damals habens grad die Tangentenautobahn gebaut, die Zuschauer haben ihre Autos in der Baugrube geparkt. Jedenfalls war der Platz noch nicht fertig, das war ein Acker mit einer Speedwaybahn rundherum. Der Lopper ist jeden Tag mit einer Bierkiste und Wurstsemmeln zum Platz gefahren, damit die Arbeiter nicht auf Mittagpause gehen müssen. Da hat ganz früher die Favoritner Slova gespielt, da hieß der Platz noch Tschechisches Herz-Platz. Aber die Intention für das Ganze, Bub, die ging von den Fans aus. Wir waren es leid, dass wir Woche für Woche durch halb Wien getingelt sind, immer mit einer Rätselraterei verbunden, wo wir denn das nächste Heimspiel haben werden. Der Lopper war für diesen organisatorischen Wahnsinn eh nicht zu beneiden. Jedenfalls haben wir eine Unterschriftenaktion gestartet, die auch irgendwann bis zum Joschi Walter vorgedrungen ist. Das war 1972 und dieses Jahr sollte für die Wiener Austria ein ganz spezielles werden. Der Horr hat uns ein Jahr später die Verbandsplätze verschafft, ein weiteres drauf ist er gestorben. Deswegen habens den Platz dann auch Franz-Horr-Platz genannt, obwohl die ursprüngliche Idee war, ihn Sindelar-Platz zu nennen. Richtig Freund geworden sind wir mit dem Platz aber nie, haben auch viele Spiele woanders bestritten. Erst Anfang der Achtziger, als sie den Platz umgebaut haben und er zumindest ein bissl wie ein Stadion ausgeschaut hat, da sind wir dann echt dort eingezogen.

Jedenfalls, 1972 überschneiden sich mehr oder weniger die alte und die neue Austria-Zeit; die alte Zeit mit Ocwirk und Fiala, der seine letzte Saison spielt, und die neue mit jungen Spielern wie Prohaska, Obermayer, dann Gasselich und später Baumeister, und ganz wichtig, der Robert Sara. Dazu machen sich Anfang der 1970er Jahre wieder einmal die guten internationalen Kontakte vom Norbert Lopper bezahlt. Ein Neffe aus Uruguay hat ihn angerufen, er hätte da zwei Spieler. Das waren der Julio Morales und der Alberto Martínez, die den Klub nicht mal eine Million gekostet haben, aber mitverantwortlich waren für den Europacup-Finaleinzug 1978. Ein ganz großes Kunststück ist den Austrianern dann auch mit dem Herbert Prohaska gelungen."

Die Augen des Kleinen leuchten auf. „Das ist der Trainer, der gute!"

„Genau", sagt der Alte, der ist jetzt Teamchef, und mit dem sind wir zweimal Meister geworden, erinnerst dich? 1991 und 1992, als Trainer. Aber Bub, was war das für ein begnadeter Spieler! In einer Riege mit dem Sindelar und dem Ocwirk. Der war aus Simmering und die Austria hat ihn 1972 für die damals horrende Summe von 600.000 Schilling von Ostbahn XI gekauft. 600.000 Schilling für einen Siebzehnjährigen! Was sind die Leute Sturm gelaufen. Aber bald hat uns der ‚Schneckerl', so haben wir ihn genannt wegen seiner Frisur, eines Besseren belehrt. Als er 1980 zu Inter gegangen ist, hätte Ostbahn eigentlich einen Prozentsatz an der Ablöse bekommen sollen. Der Joschi Walter ist aber zur Ostbahn gegangen, hat ihnen eine Million Schilling sofort versprochen und den Transfer dementiert. Eine Million oder nix. Die Ostbahn stimmte zu und der Joschi Walter hat ein paar Tage später die Transferkatze aus dem Sack gelassen. Die Austria hat elf Millionen Schilling für den Schneckerl kassiert.

Wie aber der Prohaska zur Austria gegangen ist, also als Siebzehnjähriger um teures Geld, da dachte ich mir, das muss ich mir anschaun und bin als Kiebitz zum Training gefahren. Da ist der dahergekommen mit Cowboystiefeln und langen Glockenhosen. Ich hab mir dacht, ich werd nicht mehr. Da kommt auch schon der Fiala, der Kapitän, und der Prohaska duzt ihn. Der Fiala schaut ihn nur von oben bis unten an und sagt: ‚Was ist mit dir? Bist mitn Pferd da?' Ha! Das war eine Begrüßung. Der Fiala, das war eine Respektsperson. Fünf Meistertitel und sechs Cupsiege hat er mit der Austria geholt. Nur leider war er ein bisslerl ein Häferl. Er ging keiner Provokation aus dem Weg, das erklärt auch, warum er nicht selten ausgeschlossen wurde. Weil er eben auch ein Gerechtigkeitsfanatiker war. Und am Fuß ein echter Austrianer, dem manchmal ein guter Schmäh wichtiger war als das Tore Schießen. Kein Wunder, dass sie ihn ebenfalls zum Ehrenkapitän gemacht haben.

Aber die junge, neue Austria-Mannschaft hat sich gleich mal schwergetan. Ein 10. Platz mit einer Partie voller kaum Zwanzigjähriger, das war net anders zu erwarten. Aber du hast schon gemerkt: Da wächst was heran. Der Prohaska hat später einmal gesagt, er hat sich für die Austria entschieden, weil ihn der Rapid-Funktionär permanent mit ‚Paul' angeredet hat. Das erste Treffen mit Lopper und Walter hat's in der Kantine von der KFZ-Mechanikerwerkstatt gegeben, wo der Schneckerl gelernt hat. Richtig umgestimmt haben den Schneckerl dann aber seine Freunde Edi Krieger und Hansi Bendekovits, die schon dort gespielt haben. Der Krieger sollte richtig Karriere machen, war in Holland und Belgien, aber leider auch zu oft am Spieltisch. Heut verkauft er Gemüse am Meiselmarkt in Rudolfsheim. Gezahlt hat die Austria halt auch wieder gut. Der Schneckerl hat später erzählt, er hat in der KFZ-Werkstätte 120 Schilling in der Woche verdient. Bei der Austria gabs 3.000 im Monat fix, 1.500 für einen Sieg extra, 750 für Remis und einen feuchten Händedruck für die Niederlage. Geködert habens den Schneckerl dann aber wohl mit 20.000 Schilling Handgeld. Der ist aus dem Sekretariat raus und hat geglaubt, er ist

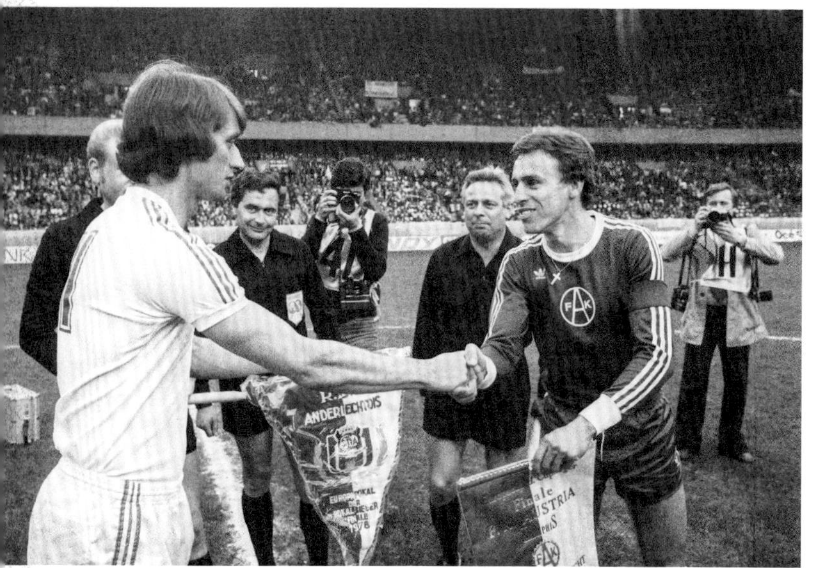

Robert Sara bestritt über 1.000 Spiele für die Austria. 1978 führte er als Kapitän die Veilchen ins Europacup-Finale gegen RSC Anderlecht und Kapitän Rob Rensenbrink.

Millionär. Den Eltern in Simmering hat er einen Teppich gekauft von dem Geld. Der war halt auch menschlich immer ein Guter, der Schneckerl.

1975, der Sara hat vom Fiala die Kapitänsbinde übernommen, wird diese junge Mannschaft Meister. Die größte Sensation aber, Bub, das war 1978. Nach Siegen gegen Cardiff, Lok Košice und Hajduk Split stehen wir im Halbfinale des Cups der Cupsieger gegen Dinamo Moskau. In Moskau, da hat der blutjunge Ernst Baumeister ein Goal geschossen. Das 1:2 hat aber wegen der Auswärtstorregel eine gute Ausgangsposition bedeutet. Im Rückspiel, Bub, waren 70.000 Zuschauer im Praterstadion. Der hundertjährige Sturm mit Parits, Pirkner, Morales – der hat so geheißen, weils alle drei zusammengerechnet 100 Jahre alt waren – hat groß aufgespielt. Der Pirkner hat kurz nach der Pause per Elfer das 1:0 erzielt, der Morales wenig später das 2:0. Das Stadion war ein Tollhaus, sag ich dir. Wir waren schon so siegessicher und der blutjunge Ernst Baumeister – damals, glaub ich, zwanzig Jahre alt – auch. Und da hat er einen Russen übersehen, der in der letzten Minute das 1:2 macht.

Verlängerung. Der Baumeister wollt sich austauschen lassen, später im TV hat man gesehen, dass er den Tränen nahe war. In der Verlängerung passiert aber nix mehr.

Elferschießen! Wie schon gegen Hajduk Split, wo der Hubert Baumgartner, 23 Jahre alter Goalmann, schon zwei Elfer gehalten hat! Die Russen legen vor. 1:0, 1:1 durch Parits, 2:1, 2:2 durch Pirkner, 3:2, dann der Prohaska, der trifft zum 3:3 und will dann in die Kabine gehen. Zu stark ist die nervliche Anspannung. Bis zum 4:4 – auch der Morales trifft – habens alle Elfer verwandelt, und dann kam der Moskauer Bubnow. Anlauf, er zielt in die von ihm aus gesehen linke Ecke – und genau da ist der Baumgartner und pariert! Jetzt nurmehr ein Elfer, ein einziger Elfer, und die Austria ist im Finale! Bub, ich hab mich fast nimmer gespürt, als der Martínez angelaufen ist. Der Morales und der Sara sind mit dem Rücken zum Tor gestanden, haben nicht hinschauen können. Martínez läuft an, und – trifft! 5:4! Die Austria ist als erster österreichischer Verein in einem Europacup-Finale! Was für ein Spiel, was für ein Triumph. Dieser 12. April 1978, das hätte ein Feiertag werden können."

Der Kleine, der von der Begeisterung des Urgroßvaters mitgerissen worden ist und vor Freude die Arme in die Höhe gerissen hat, verstummt plötzlich.

Der Große fragt nochmal nach: „Der 12. April 1978?", und schluckt hörbar.

„Ja", sagt der Alte, „ja, der 12. April 1978. Ich geh raus aus dem Stadion, mit damals schon über achtzig Jahren gar keine leichte Aufgabe mehr. Der Walter hat gesagt, er holt mich ab, er wartet vor dem Sektor C auf mich. Nun ist er aber nicht da. Mir ist in dem Moment alles egal, ich freu mich, seh die jungen und die alten Austria-Fans feiern, steh da und denk mir, der wird schon kommen. Eine Stunde vergeht. Es ist ein kalter Aprilabend und langsam mach ich mir Sorgen. Es ist kurz vor Mitternacht und noch immer kein Walter in Sicht."

„Ich erinner mich an den Abend", sagt der Große. „Ich hab nicht mitdürfen zum Match, weil ich am nächsten Tag Schularbeit gehabt hab. Aber ich hab's mir natürlich heimlich im Radio angehört. Der Papa hat gesagt, er muss nochmal weg, wegen der Firma irgendwas, und holt dich dann ab. Und am nächsten Tag, nach der Schularbeit, würden wir in den Prater gehen und das Spiel nachspielen, hat er mir versprochen."

Auch der Große bekommt nun glasige Augen. Nur der Kleine blickt verwirrt von einem zum anderen.

„Dann hat's Telefon geläutet und ich hab nurmehr die Mama weinen gehört. Ich hab mir die Decken übern Kopf gezogen und wollt's nicht hören. Ich wollt's einfach nicht hören", sagt der Große.

Ja, denkt der Alte. Es ist furchtbar, wenn man in so jungen Jahren seinen Vater verliert. Aber als Vater, der schon einen Sohn und beide Frauen begraben hat müssen, war's nurmehr purer Zynismus. Der Tod, dachte sich der Alte, der muss wahrhaftig ein Austrianer sein. Selbst wenn's endlich einmal was gibt, worüber man sich freuen könnte, nachdem man eh die besten Jahre und seine Familie mehr oder weniger dem Verein geopfert hat, dann kommt der größte Erfolg und der Tod holt dein letztes Kind. Ein Austrianer muss leiden.

„Am Südbahnhof auf die Gleise vom Güterbahnhof habens die Leiche vom Walter gefunden. Der Walter, das hab ich dann erfahren, hat für ein paar Strizzis nebenbei Geschäfte gemacht. Mit dem Lastwagen von der Firma. Dieser Unterwelt gehörten in den Sechziger- und Siebzigerjahren fast ausschließlich Männer der Jahrgänge zwischen 1930 und 1946 an. Menschen dieses Alters waren nicht aktiv mit den Gräueln des Kriegs verbunden, hatten jedoch fremdes Sterben und Sterben-Lassen in ihrer Kindheit als etwas Selbstverständliches erlebt, so hat's später einmal ein Journalist beschrieben. Der Walter war kein Strizzi, aber er ist halt zwischen die Fronten geraten. Solche Leute wie den Amerika-Maxl, der ja in den Tod vom Sindelar verwickelt gewesen sein soll, hat's vor dem Krieg auch schon gegeben, aber nach dem Krieg war die Unterwelt eine Blutwiese. Die Schmutzer-Buam, Josef der Gschwinde, der schiefe Otto und wie sie alle geheißen haben. Zuhälterei, Glücksspiel und vor allem das ‚Stoß'-Spiel, das du eigentlich nur mit Schmäh, sprich mit Schwindeln, gewinnen hast können. Da sind in einschlägigen Lokalen 10.000 Schilling am Abend hin und her gewandert. Mein Walter, der war eins der letzten Opfer dieser Strizzi-Zeit. Das Glücksspiel habens in die Casinos verlagert, die Prostitution ist legal geworden. Die Wiener Szene hat sich selber erledigt. Und mit ihr meinen Walter. Zwei Pistolenschüsse."

Der Alte und der Große sitzen still da. Der Kleine, der die Tragweite wohl nicht ganz begreift oder einfach weiter vom größten Erfolg der Austria hören will, unterbricht ungeduldig das Schweigen: „Aber habens dann das Finale auch gewonnen?"

„Was?", murmelt der Alte verwirrt.

Dann kommt er wieder zu sich. „Nein, nein. Eine Woche nach dem Sieg gegen Moskau habens zuerst mal im Cup-Halbfinale unnötig gegen Innsbruck verloren. Darauf hätte man eigentlich wetten können. Nein, das Finale, das habens dann ein bissl verschissen. 0:4 habens im Pariser Prinzenparkstadion gegen den RSC Anderlecht verloren, damals eine der besten Mannschaften der Welt mit Weltstars wie Rob Rensenbrink, François Van der Elst und Arie Haan.

Das hat der damalige Trainer, der Hermann Stessl, ein bisschen auf seine Kappe nehmen müssen. Er hätte gegen Anderlecht einen der beiden offensiven und ähnlich begnadeten Mittelfeldspieler Prohaska oder Gasselich rausnehmen und stattdessen einen defensiveren reintun müssen. Mit dieser Offensiv-Aufstellung, die ganz Österreich sonst zu Begeisterungsstürmen hingerissen hat, sinds gegen Anderlecht ins offene Messer gelaufen.

12.000 Austria-Fans waren damals in Paris mit. Auch das kann man sich heut gar nicht mehr vorstellen. Die Austria unter den besten Mannschaften Europas und, so gesehen, der Welt!

Wir sind natürlich wie selbstverständlich die nächsten drei Jahre Meister geworden, weil wir uns gut verstärkt hatten, wie mit dem Walter Schachner aus Donawitz, während die arrivierten wie Parits, Pirkner und Martínez aufgehört oder den Verein verlassen haben. Im Jahr drauf, 1979, wäre fast der größte Coup gelungen: Wir haben fast das Finale im Meistercup erreicht, und wie wir gegen den schwedischen Vertreter Malmö FF mit 0:0 und 0:1 im Halbfinale ausscheiden konnten, ist mir bis heute ein Rätsel. Aber Bub, was war das für eine Austria-Mannschaft. Zuerst mit dem Baumgartner im Tor, danach holte der Lopper Friedl Koncilia, Tormann vom Nationalteam und einer der besten Goalmänner der Geschichte Österreichs. Hinten mit Obermayer, den Sara-Brüdern Josef und Robert, Karl Daxbacher, Ernst Baumeister, Julio Morales, Herbert Prohaska, der erst 1980 nach Italien gehen sollte, Felix Gasselich, der später mit dem großen Johan Cruyff bei Ajax Amsterdam gespielt hat, und vorne der Walter Schachner. Alles feine Techniker, die beim Stadthallenturnier erst so richtig die Massen begeistern konnten. Wenns auf engem Raum ein echtes ‚Scheiberlspiel' aufgezogen haben, Bub, da bin ich wieder jung geworden. Das hat mich an die große Austria-Zeit von früher erinnert, als man am Feld auch noch so gespielt hat. Nicht Zweckfußball, sondern aus Spaß an der Freude, so wie es dem Naturell der Austria entspricht. Zehnmal in Folge, von 1977 bis 1986, hat die Austria das berühmte Stadthallenturnier gewonnen, oft vor zehntausend begeisterten Zuschauern. Der 8:2-Sieg im Derby gegen Rapid aus dem Jänner 1980 gilt noch immer als das beste Spiel, das in der Stadthalle je gespielt wurde. Aber zwei Wochen später verdunkelten sich einmal mehr die Wolken am violetten Horizont. Am 23. Jänner 1980, auf den Tag genau 41 Jahre nach dem großen Matthias Sindelar, verstarb Ernst Ocwirk."

Der Kleine ist bestürzt. „Aber wie ist das passiert, der war ja grad noch Trainer und Spieler?"

„Als Ernst Ocwirk im November 1973, damals war er Trainer von der Admira, nach dem Spiel gegen DSV Alpine aufs Feld lief, riss er sich die Achillessehne. Nach der Operation setzten Lähmungserscheinungen von den Zehen aufwärts an ein. Ocwirk hat sich aus dem öffentlichen Leben komplett zurückgezogen und zog mit seiner Frau Martha auf den Tonberg in Klein-Pöchlarn. Er soll an Multipler Sklerose erkrankt sein, doch die Geschichte von Ocwirks Leiden ist bis heute ungeklärt. Die frühere Speerwerferin Erika Strasser, eine gute Freundin der Ocwirks, ist sicher, dass der Grund für die Erkrankung in Ocwirks Jahren in Italien zu finden ist. Er hatte ihr einmal erzählt, dass er in Genua jeden Tag in der Früh ins Kaffeehaus gehen musste und dort eine Spritze bekommen hat. ‚Nachgefragt, was das sei, habe er nie', sagte sie später. In den italienischen Medien wird Ocwirk heute zu den Opfern der Amyotrophen Lateralsklerose gezählt. Wir haben seine Krankheit darauf zurückgeführt, dass sie dort etwas geschluckt haben. Ocwirk war in der Schweiz, da haben ihm die Ärzte gesagt, das geht von den Zähnen aus. Er hat sich dann sämtliche Zähne reißen lassen. Und dann war es eine Fehldiagnose! Er hat sich an jeden Strohhalm geklammert, zu jedem Guru ist er gefahren. Nach Gmunden, nach Deutschland. Es war hoffnungslos. Aber der ‚Ossi' hat nie aufgegeben. Am 23. Jänner 1980 ist der Ernst Ocwirk im 54. Lebensjahr gestorben. Für sein Begräbnis am Wiener Zentralfriedhof mussten Trauergäste eine Eintrittskarte vorweisen – zu viele Fans wollten ihrem Idol die letzte Ehre erweisen. Ich hab leider keine mehr bekommen."

Himmelhoch-
jauchzend,
zu Tode betrübt

1981 – 1994

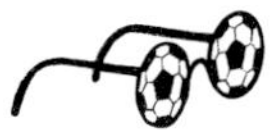

Der Alte gähnt herzhaft. Der Große sagt zum Kleinen: „So, aber jetzt lassen wir den Opa schlafen. Er erzählt dir morgen weiter."

Der Kleine aber war in seinem Element. „Nein, ich will das jetzt noch fertig hören!"

Und der Alte beschwichtigt: „Es ist ja jetzt gleich alles erzählt. Das schaffen wir schon noch.

Von 1977 bis 1981 holte die Austria vier Meistertitel in Folge, das war Rekord. Und wir waren Stammgast in Europa. Unvergesslich auch die Saison 1982/83. Zuerst hat der Felix Gasselich gegen Galatasaray Istanbul ein Jahrhunderttor erzielt. Er gaberlte an der Strafraumgrenze den Ball viermal auf, überspielte dabei zwei Verteidiger und schoss ein.

Im Viertelfinale spielten wir 0:0 daheim gegen den großen FC Barcelona. Respektabel, aber fürs Rückspiel im Camp Nou sahen alle schwarz angesichts des kleinen Argentiniers namens Diego Maradona, der damals für Barcelona zauberte. Nur der Friedl Koncilia, der Goalmann, hat sich gefreut: ‚Mein Traumresultat. Im Rückspiel machen wir ein 1:1 und sind weiter.' Und weißt du was, Bub? Genau das ist passiert! Der Gerd Steinkogler hat das entscheidende Goal geschossen.

Im Halbfinale war dann Real Madrid der Gegner und der junge Toni Polster, damals glaub ich achtzehn Jahre alt, hat seine Visitenkarte abgegeben. Aber gegen Real war dann der Traum von Finale vorbei. Und wir waren fast schon etwas erfolgsverwöhnt. Nicht nur wir, auch der Vorstand. So schienen wir nun immer unzufrieden zu sein. Meistertitel und Cupsiege zählten nichts mehr, Europa war das Ziel. Es hat zahlreiche Trainer- und Spielerwechsel gegeben und dann immer wieder unser Problem mit den geringen Zuschauerzahlen. Damals, zum Halbfinale gegen Dinamo Moskau 1978, waren 70.000 im Prater. Ein paar Tage drauf in der Meisterschaft aber nur 5.000. Das Ziel, die Austria zum europäischen Großklub zu machen, wurde knapp verfehlt. Und Wertschätzung haben diese Erfolge erst viel später erfahren, als der Zug nach Europa längst abgefahren war. Dafür haben wir uns national mit Rapid um die Meistertitel abgewechselt. Wir hatten eine gute Mannschaft mit zwischenzeitlichen europäischen Ausreißern, wie zum Beispiel beim Sieg gegen Inter Mailand, wo die Inter-Fans nachher zwei Austria-Fans mit Messerstichen verletzt haben, so dass sie ins Krankenhaus mussten.

Überhaupt, eine wilde Zeit diese Achtziger, die ja schon meine Neunziger waren. Die Elisabeth hätte eine Freude gehabt. Ich hab's noch im Ohr: ‚Tuts nicht zu wild.' Jaja, wenn die die ‚Zuckerbäcker' gesehen hätte … So nannte sich die Raufbold-Fraktion damals. Das Prügeln beim Fußball, das hat's immer schon gegeben, aber was in den 1980er Jahren aus England rübergeschwappt ist, hat keinem Vergleich standgehalten.

Sportlich haben wir eine tolle Truppe gehabt, eigentlich, im Tor den Franz Wohlfahrt, der nach und nach den unvergleichlichen Friedl Koncilia ersetzte, oder den Tibor Nyilasi. Ja, mit den Ungarn ist die Austria schon immer gut gefahren. Das letzte Mal, dass ich einen so begnadeten Magyaren hab Fußball spielen sehen, das war in den 1920ern. Der unvergessene Kálmán Konrád. Den Nyilasi, den wollten uns die Franzosen sogar für sechs Millionen Schilling wegkaufen, aber er wollte lieber dableiben. Und der Toni Polster ist dreimal in Folge Schützenkönig geworden, 1987 sogar mit den meisten Toren in Europa. Dafür hat's den Goldenen Schuh gegeben. Aber erst später, weils dem ursprünglichen Sieger, dem Rodion Cămătaru von Dinamo Bukarest, draufgekommen sind, dass da der Diktator Ceauşescu ein bisserl nachgeholfen hat.

In der ganzen Liga war keiner schneller als der Andi Ogris und im Zentrum stand ein Name für alles, was die Austria war: Herbert Prohaska. Nach seiner Rückkehr aus Italien, wo er mit Inter Cupsieger und mit Roma Meister geworden ist, hat er sich bei uns endgültig in die Geschichtsbücher geschrieben. 1984 bis 1986 holten wir uns wieder den Meisterteller. Als er und der brave Erich Obermayer, neben Karl Stotz und Robert Sara wahrscheinlich der beste und umsichtigste Verteidiger in Austria-Reihen, 1989 ihren Rücktritt erklären, weint nicht nur der Schneckerl selbst, sondern die gesamte Austria-Familie. Aber den Rest, Bub, den kennst ja eh schon.

Das Meisterschaftsfinale gegen die Admira, im Fernduell mit Innsbruck, wo uns der Christian Prosenik zum Titel geschossen hat 1991 – da war der Prohaska schon Trainer. Oder ein Jahr drauf, in der letzten Runde gegen Salzburg, bei strömendem Regen im endlich wieder einmal ausverkauften Praterstadion. 2:1, Pfeffer und Ogris, und du, Bub, hast die kleine Austria-Fahne geschwenkt. Und dann noch ein Titel mit dem Hermann Stessl, der 1993 noch einmal zur Austria zurückkam. Mit einem 4:0-Sieg im Derby gegen Rapid fixieren wir den 21. Meistertitel. Aber jetzt? Jetzt seh ich keinen Meistertitel mehr. Weit und breit nicht."

Der Alte schweigt.

„Dreißig Jahre hab ich auf meinen ersten Meistertitel warten müssen. Zwanzig weitere hab ich dann noch gesehen", sagt er dann ruhig. „So, Bub, aber jetzt wird's Zeit fürs Bett. Das war die Geschichte der Austria."

Der Kleine springt auf. „Ich hoffe, ich muss nicht auch dreißig Jahre warten, bis die Austria wieder Meister wird."

Er läuft ins Bad, Zähne putzen, Gesicht waschen. Dann geht's in die Heia.

„Sagst zum Opapa noch gute Nacht", mahnt der Große. Der Kleine steht noch einmal auf, geht ins Wohnzimmer, wo der Alte immer noch gedankenversunken in seinem Lehnstuhl sitzt. Er küsst den Alten und sagt: „Gute Nacht, Opapa. Ich hab dich lieb. Und morgen überlegen wir beide, wie die Austria wieder gut werden kann."

Der Alte lächelt und wünscht ebenfalls eine gute Nacht. Als der Kleine ins Gästezimmer verschwunden ist, steht er mühsam auf. Er legt das Buch, die Ocwirk-Story und die Zeitungsartikel zurück ins Bücherregal und ins Kästchen, die Schatulle. Dann tappt er in sein Schlafzimmer, legt den Gehstock am Nachtkästchen ab, zieht sein Nachthemd an und lässt sich ins Bett sinken. Da kommt der Große nochmal bei der Türe rein.

„Brauchst du noch was, Opa?"

Der Alte richtete sich die Decke zurecht, schließt die Augen und antwortet: „Nein, alles ist gut."

Da wünscht auch der Große eine gute Nacht und löscht das Licht. Der Alte hört, wie er im Wohnzimmer den Fernseher anmacht. Er denkt zurück an den Tag. An das Spiel, das Ocwirk-Buch, die Zeitungsartikel, alt und vergilbt, die sich der Kleine dennoch höchst interessiert angesehen hat. Alles hat er aufbewahrt. Für Tage wie diesen. Er weiß, wie man die Geschichte erzählt, er hat sie schon oft erzählt. Seinen beiden Söhnen und auch dem Großen, seinem Enkel, der aber heute dennoch wieder zugehört hat. Weil die Geschichte der Austria immer hörenswert ist. Der Alte schließt die Augen. Und morgen will der Kleine sich überlegen, wie die Austria wieder gut wird. Und der Opapa wird ihm wieder eine Geschichte erzählen. Denn es gibt noch so viele Geschichten, und der Bub wird irgendwann seine eigene Geschichte erzählen, von der Austria.

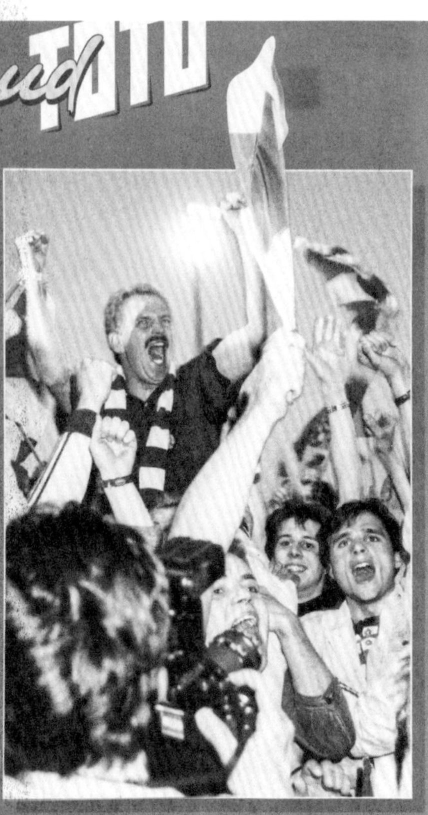

Herbert Prohaska gewinnt in seiner ersten Saison als Trainer 1990/91 gleich die Meisterschaft. Das Foto von Robert Zolles zierte fast alle österreichischen Titelseiten und Prohaska selbst hat sich einen Abzug ins Arbeitszimmer gehängt.

Der Alte sieht es direkt vor sich. Ja, ich seh ihn ganz genau. Wie er Geschichten vom Franz Wohlfahrt erzählt, diesem Schrank von einem Mann im Tor. Aber was ist das? Der Wohlfahrt verändert sich. Er hat keine Handschuhe mehr an, die Hose ist etwas länger, dafür der Dress anders. Das ist nicht der Wohlfahrt, der da im Tor steht. Das ist der Teddy Lohrmann, das deutsche Bröckerl, aus den 1920er Jahren! Er hat den Ball in der Hand und sieht sich um, wem kann er ihn zuspielen? Ha, da kommt schon der Karl Sesta angesprungen, dicht gefolgt vom Kowanz Karli. Der spielt den Ball in die Mitte, da wartet schon der Ocwirk, sein Blick schweift übers Feld. Da sieht er ihn, den Melchior, der schon losgesprintet ist, und da fliegt der weite Ball punktgenau auf den Fuß. Der Melchior zieht lang, flankt zur Mitte und nur haarscharf schießt der Spezi Schaffer mit dem Kopf an der Flanke vorbei. Doch der Klärungsversuch der Verteidigung in grünen Dressen wärt nur kurz. Schau! Da ist der Kálmán Konrád, führt den Ball elegant am Fuß und spielt ihn in die Gasse. Aber wo ist da einer? Wen hat der Kálmán Konrád da gesehen? Und durchs Tor, durch das er dann geschritten, es lag einst stumm und dunkel ganz und gar – nun erstrahlt es hell erleuchtet, als er angesprintet kommt, das Kind aus Favoriten, mit Namen Matthias Sindelar. Da ist er, der gute Sindi, der brave Motzl. Scheiberlt mit dem Konrád und dem Ocwirk die Gegner verrückt … auf der Flanke draußen seh ich in der Ferne den guten Luigi Hussak, wie er in den langen Hosen der Amateure, aber mit einem Cricketer-Dress, auf den Pass wartet. Und da kommt er schon. Der Hussak ist nicht aufzuhalten, sein Flankenball kommt weit, da köpft der Walter Nausch den Ball wieder zur Mitte, der Spezi Schaffer lässt abtropfen und der Sindelar schießt ein! Was für ein Jubel, was für ein Spielzug! Auf der Tribüne seh ich den Hugo Meisl, den Michl Schwarz, den Robert Lang, den Ettore Richetti, den Max Leuthe, Erwin Müller, sie alle jubeln ausgelassen. Auch der Karl Gall ist da, der Joschi Walter schaut zwar finster, aber applaudiert. Und ganz in der Ferne seh ich einen Zaun, dahinter silhouettenhaft die Gestalt vom Schneckerl, vom Dralle Fiala, vom Robert Sara, vom Stojaspal. Sie schauen zu, ja, aber wieso spielens denn nicht mit, wieso denn nicht?

„Weils noch nicht dürfen", sagt eine Stimme sanft hinter mir. Eine zarte Hand berührt mich an der Schulter. Ich dreh mich um und seh die Elisabeth. Sie hat das rote Kleid mit weißen Punkten an, in der Hand hält sie zwei Karten für Shakespeares *Was ihr wollt*. Hinter ihr stehen der Karli und der Walter an einem Tisch und spielen Knopffußball. Der Karli hat keine braune Uniform mehr an und der Walter fährt keinen Lastwagen mehr, für niemand. Sie lächeln mich an, so wie früher, wenn der Papa wieder von irgendwelchen Fußballmatch nach Hause gekommen ist und nur mehr ein paar Minuten, bis es Zeit war, dass sie zu Bett gehen. „Eine schnelle Geschichte noch", flehen sie auch jetzt wieder. „Vom Wichtelmännchen!" Ich setz mich also auf die Bettkante und will anfangen zu erzählen. Ein Stück entfernt seh ich die Gretl, mit violetten Bändern im Haar. Sie hat ein kleines Kind am Arm. Ich wink sie zu mir, ich nehm die Kleine, es ist ein Mädchen (ich dachte immer, es wäre ein Sohn geworden), pumperlgesund ist es, und leg es ins Bett zum Karli und zum Walter. Meine Eltern seh ich am Fenster in der Hetzgasse warten, wann der Bub endlich von der Jesuitenwiese nach Hause kommt. Sie winken mir zu.

Ja, denk ich mir, hier ist's schön. Hier ist's gut sein.

Am nächsten Morgen wacht der Große auf. Er wischt sich den Schlaf aus den Augen und blickt auf den Kleinen neben sich, der noch tief schlummert. Mitten in der Nacht war er zu ihm auf die Couch gekrochen. Der Fernseher, den er gestern eingeschaltet hat, läuft noch. Gott, ich muss die Mama anrufen, dass wir dann eh nach Hause fahren.

Wenn er nur an die Geli-Oma denkt, will er sich eigentlich gleich wieder aufs Sofa zurücklegen und den Tag vergehen lassen. Kann er aber nicht. Er steht auf, versucht, den Kleinen nicht zu wecken, und geht in die Küche. Es ist alles ordentlich hergerichtet, so wie er es aus seiner Kindheit kennt, wenn sie beim Opa zu Besuch waren. Die Küchenzeile in der Mitte, der schon etwas mitgenommene Gasherd, das Rohr, der Kühlschrank, daneben die Speis. Der Große setzt Kaffee auf und geht ins Schlafzimmer vom Alten. Sieh nur, wie friedlich er da liegt, denkt sich der Große, gestern war er nicht so friedlich. Ja, das hab ich ihm schon öfter gesagt: Nach Niederlagen gibt's immer einen neuen Tag. Er geht näher ans Bett heran und sagt: „Komm, Opa, aufstehen, ich mach noch Frühstück. Und dann müssen wir fahren." Er blickt in das Gesicht des Alten. Er hat ein Lächeln auf den Lippen. Und geweint hat er. Die Spuren der letzten Tränen sind noch sichtbar. Die Augen geschlossen. „Opa?", fragt der Große und wird plötzlich etwas nervös. Da hört er kleine Schritte aus dem Wohnzimmer, die vorsichtig herantapsen. Es ist der Kleine, der herzhaft gähnt und sich mit der Hand übers Gesicht fährt. „Ist der Opa schon wach?", fragt er. „Wir müssen ja bereden, wie wir die Austria wieder so gut machen, wie sie der Opa gesehen hat."

Der Große blickt, nun ebenfalls Tränen in den Augen, auf den Alten, dann zu seinem Sohn und sagt: „Bub, ich glaube, der Opa ist jetzt bei seiner Austria. Seiner guten, alten Austria."

Es war in der Nacht nach der Derby-Niederlage, als der Alte sein Leben aushauchte. Ein Lächeln auf den Lippen, aber auch Tränen in den Augen. So wie es das Naturell des Austrianers eben will. Himmelhochjauchzend, zu Tode betrübt. Wenig später kam ein Arzt, der den Tod des 101-Jährigen bestätigte.

Zum Begräbnis des alten Austrianers kamen nicht viele. Verständlich: Die meisten Freunde lebten nicht mehr. Die Austria hatte einen Kranz geschickt, das war nett. Die Familie, oder was davon noch übrig war, stand am Grab. An jenem Grab, an dem schon der Karli, der Walter, die Elisabeth begraben lagen. Direkt daneben, so hatte der Alte es sich auch gewünscht, war das Grab von der Gretl. Der Große hatte die Hand des Kleinen fest umschlossen, doch der Kleine hatte keine Tränen in den Augen. Er stand stolz, aufrecht, in seinem kleinen, schwarzen Anzug mit der kleinen, schwarzen Krawatte, die ihm die Mutter gekauft hatte, und dem violetten Schal um den Hals (das wollte ihm der Große noch ausreden, aber der Kleine hatte darauf bestanden) vor dem Grab. „Austrianer ist, wer's immer bleibt“, flüsterte der Kleine und griff an den Schal. Er spürte die alte vergilbte Wolle, den Schweiß, die Tränen der Freude und des Leids, den Geruch nach kaltem Rauch, nach Praterstadion, Hoher Warte, Horrplatz, Ober-Sankt-Veit, Simmering und Sportclub-Platz, nach Döbling und Rudolfshügel – er spürte das ganze Jahrhundert, das dieses Stück Stoff schon hinter sich hatte. Mitropa-Cup, Meistertitel, Derbysieg und Europacupfinale. Langsam streifte er den Schal vom Hals und schwor stumm sich selbst: Jederzeit, wenn ich zur Austria geh, ist der Schal dabei. Und du auch. Bei deiner Austria.

Und der Kleine sollte Wort halten. In guten wie in schlechten Zeiten.

Und man möge dem Kleinen glauben, wenn er später sagen sollte, dass die schlechten überwogen. Auch in den späten Neunzigerjahren war die Austria nur ein Schatten ihrer selbst, als plötzlich ein reicher Onkel aus Kanada (oder der Steiermark, das ist jetzt Ansichtssache) auf die glorreiche Idee kam, die Austria mit Millionen zu übernehmen, und etwas von Champions League-Sieg und Weltmeistertitel für Österreich versprach. Jubel, Trubel – dachten damals viele, jetzt kehrt die Austria zurück zu alter Größe. Sogar den Friedl Koncilia als Sportdirektor hat der reiche Onkel geholt. Und dann noch den Prohaska als Trainer! Die gute alte Austria war wieder da, so hörte man es vom Verteilerkreis bis nach Oberdöbling. Doch mitnichten. Am Weg zum Meistertitel hat der Onkel den Walter „Schoko“ Schachner, der als Spieler für die Austria einmal verletzt von der Bahre gesprungen ist und im Derby gegen Rapid anschließend noch zwei Tore gemacht hat – den hat er rausgeworfen, weil ihm eine deutsche Koksnase lieber war. Ja, Meister sind wir geworden. Aber zu welchem Preis?

Es war ihm Frühjahr 2003, als der Kleine zum Grab vom Alten ging. Mittlerweile war er gar nicht mehr so klein, sondern Oberstufenschüler eines gar nicht mal so unbrauchbaren Gymnasiums in Klosterneuburg vor den Toren von Wien. Er ging zum Grab und sagte: „Opa, was soll ich tun? Ist das noch die Austria, von der du mir erzählt hast? Wir haben wieder so viel Geld, so wie du es von früher erzählt hast, aber ich spür's nicht. Sie spielen nicht einmal schön. Und jedes Jahr wechselns die ganze Mannschaft aus. Ich komm nicht mehr mit. Wo sind die Hussaks, die Sindelars, die Nauschs, die Stojaspals, die Ocwirks, die Fialas, die Sara, die Obermayers, die Prohaska, die Gasselich, die Wohlfahrts, Pfeffers und die Ogris? Opa, ich spür's nicht", sagte der Kleine und legte den Schal wie für einen Andachtsmoment auf den Grabstein des Opas. Er bekam keine Antwort.

Es war der Winter 2006, zwei Meistertitel und ein Europacup-Viertelfinale später. Nach unzähligen Fanprotesten und Stadionverboten für verdiente Fans, die es gewagt hatten, dem Onkel Paroli zu bieten, hatte dieser die Segel gestrichen. Die großen, teuren Stars, von denen keiner es wert ist, namentlich genannt zu werden (mit Ausnahme von Sigurd Rushfeld, dem tollkühnen Norweger) waren weg. Es war ja kein Geld mehr da. Die Austria siechte dahin. Mit Red Bull Salzburg war ein neuer, übermächtiger Konkurrent aufgetaucht und an diesem Wintertag, der letzten Runde in der Herbstmeisterschaft, Gegner der Austria. Der Kleine ging zu diesem Spiel, wohl wissend, dass man es verlieren würde und die Austria somit erstmals in ihrer fast hundertjährigen Geschichte als Tabellenletzte überwintern würde. Und nicht nur er besuchte das Spiel, sondern auch einige weitere tausend Gleichgesinnte. Die Austria verlor das Spiel 0:2. Und doch gingen sie alle Woche für Woche wieder hin. Man ließ sich den Matchbesuch auch nicht dadurch vermiesen, dass die Fankurve der Austria, als sie 2008 nach 21 Jahren Westtribüne auf die neue, doppelstöckige Osttribüne umzog, sukzessive von rechtsradikalen Neonazis unterwandert wurde und der Austria-Vorstand dem hilflos gegenüberstand. Woche für Woche ging der Kleine, der immer größer wurde, ins Stadion und danach zum Opa auf den Friedhof.

„Weißt du noch, was du damals zu mir gesagt hast?", sagte der Kleine und setzte sich auf die Wiese vor das Grab. „Hoffentlich musst du nicht dreißig Jahre warten, bis du deinen ersten Meistertitel mit der Austria erlebst. Das ist jetzt fünfzehn Jahre her. Ja, es gab 2003 und 2006. Aber ich hab's nicht gespürt."

Es sollte weitere zwei Jahre dauern, bis der Kleine es endlich spürte. Mit einer Mannschaft ohne Stars, aber mit viel Herz und einem Trainerteam mit violettem Blut in den Adern, spielte die Austria die wohl schönste Saison seit dem Titelgewinn 1993. Peter Stöger, der Anfang der Neunziger der zentrale Mittelfeldmann bei der Austria gewesen war, und sein Cotrainer Manfred Schmid formten aus einer Mannschaft ohne Stars eine Erfolgself, die am Zenit ihrer Leistungsfähigkeit einen neuen Punkterekord in der Bundesliga aufstellen sollte. Insbesondere letzterer war ein treuer Austrianer, der auch in den schwierigen Zeiten Mitte bis Ende der 1990er Jahre immer zu Violett gestanden hatte. Mit Philipp Hosiner (32 Tore) stellte die Mannschaft noch dazu den Torschützenkönig. Doch die Austria wäre nicht die Austria, würde sich nicht in Zeiten des Triumphs ein kleiner Makel einschleichen. Nur wenige Tage nach der Fixierung des 24. Meistertitel vergeigte sie das auf dem Silbertablett servierte Double im Cup-Finale gegen den Zweitligisten FC Pasching und verlor auf regennassem Boden mit 0:1. Der Kleine, der mit tausenden anderen am Rathausplatz und im Stadion den Titel gefeiert und sich auf den Cupsieg vorgefreut hatte, verließ nach der Niederlage gegen den Zweitligisten irgendwie ernüchtert das Praterstadion. Aber auch amüsiert. Und dann ließ er die gesamte Meistersaison, in der man gegen den Liga-Krösus Salzburg zwar nie gewinnen konnte, aber eben die Punkte anderswo holte, Revue passieren. Ein unerwarteter Titel, dann hohe Erwartungen, am Ende tatsächlich siegreich, aber dennoch muss ein kleiner Makel bleiben. Der Kleine grinste und ließ den Blick über den Parkplatz des Praterovals schweifen. Er sah drei Gestalten. Einen Kleinen, einen Großen und einen sehr alten Mann. Als spürte der Alte einen Blick im Rücken, drehte er sich um. Sein einstmals buschiger weißer Schnauzbart war nurmehr kaum zu erkennen. Er trug einen alten, abgetragenen Anzug: ein gestreiftes Sakko aus dünner Wolle, darunter eine Stockerpoint-Weste. Der gebogene Spazierstock mit Gummikopf am Ende machte bei jedem Schritt ein dumpfes Geräusch auf dem biernassen Asphalt. Mit dem alten Wiener Stesser, den er am Kopf trug, sah er aus wie ein Relikt aus längst vergangenen Tagen und wirkte etwas fehl am Platz. Gewissermaßen war er das auch. Sein violett-weißer Strickschal, den er um den Hals gebunden hatte, hatte schon viele Austria-Siege und -Niederlagen erlebt. „Rotzbuam, blöde", schimpfte der Alte. Dann grinste er und zwinkerte dem Kleinen zu. Der blickte gen Himmel und sagte: „Opapa, jetzt hab ich's gespürt."

PS: Der Vollständigkeit halber sei noch erwähnt, dass es die Austria im Jahr darauf endlich auch in die Champions League-Gruppenphase schaffte und sich dort gegen FC Porto, Atlético Madrid und Zenit St. Petersburg gar nicht so übel schlug – auch wenn man sie während der Saison, wie schon so oft, gerne zum Teufel gejagt hätte, sie wieder und wieder den Trainer wechselte, den Europacup in der Folgesaison zur Gänze verpasste und sich die Jahre darauf eher im Mittelfeld der Liga wiederfand. Es bleibt ein Faszinosum, warum man eine Mannschaft unterstützt, die kurz vor Weihnachten 2018 den Erbfeind Rapid mit 6:1 aus dem Stadion schießt und sich zum Auftakt der Rückrunde im Cup-Viertelfinale gegen den

Regionalligisten GAK eine peinliche 1:2-Niederlage leistet. 2.500 Austria-Fans waren bei bitterer Kälte zu dem Spiel nach Graz gefahren in ein Stadion mit nur einer Bierbar (für besagte 2.500 Fans). Ist das einfach zu erklären? Nein. Vielleicht hofft man auf diese Wundertüte? Vielleicht ist man, wenn man nun seit fast dreißig Jahren Fan von diesem Verein ist (obwohl man aus Oberösterreich kommt und mit einem LASK-affinen Vater aufwachsen musste), gerade froh darüber, dass die Austria seit Anbeginn im Allgemeinen und heutzutage im Speziellen einfach unvorhersehbar bleibt in einem Fußballzeitalter der Vorhersehbarkeit.

Möglich, dass das alles auch einfach Blödsinn ist. Jeder liebt Siege mehr als Niederlagen und ja, natürlich ist man lieber zehn Mal in Folge Meister, als sich jedes Jahr irgendwie in die dritte Europa League-Quali-Runde zu mühen. Natürlich könnte das ein Versuch sein, sich sein eigenes Fan-Dasein schönzureden. Warum gerade dieser schönste und beste und doch verrückteste und gesundheitsschädigendste Verein? Dieser Störfaktor, dieser Fehler im System, diese Anomalie in der Struktur, dieses liebgewonnene Ärgernis, für das man bereit ist, in Länder zu reisen, in die man normalerweise keinen Fußbreit setzen würde? Man ist bereit, Zeit und mittlerweile viel Geld zu opfern für das, was man in purer Egozentrik als den

Sinn des Lebens betrachtet. Und das sollte gerade dieser Fußballklub sich zu Herzen nehmen, bevor er noch mal vor Saisonstart von der Zielsetzung Top-Drei, Titel und Trophäen spricht.

Billisich, F.R. (Hg.): 80 Violette Jahre; Uranus Verlag, 1991
Chmelar, Dietmar: Ballett in Violett; J&V, 1986
Fonje, Hanns; Langer, Karl: Die Wiener Austria; Verlag Dr. Fonje, 1962
Hachleitner, Marschik, Müller, Skocek: Ein Fußballverein aus Wien; Böhlau Verlag, 2019
Hafer, Andreas; Hafer, Wolfgang: Hugo Meisl oder Die Erfindung des modernen Fußballs; Die Werkstatt, 2007
Huber, Jo: Das neue Austria-Buch; Verlag Kurt Mohl, 1975
Marschik, Matthias: Wiener Austria – Die ersten 90 Jahre; Verlag Funtoy, 2001
Ocwirk, Ernst: Weltenbummel. Vom Ballschani zum Kapitän des Kontinent-Teams; Oberösterreichischer Landesverlag, 1956
Pelinka, Anton: Die gescheiterte Republik: Kultur und Politik in Österreich 1918 – 1938; Böhlau Verlag, 2017
Schmieger, Willy: Der Fußball in Österreich; Burgverlag, 1925.
Schwind, Karl-Heinz: Geschichten aus einem Fußball-Jahrhundert; Verlag Carl Ueberreuter; 1994
Skocek, Johann: Mister Austria; Falter Verlag, 2014
Horvath, Ödön von: Jugend ohne Gott; Suhrkamp, 1988
Torberg, Friedrich: Die Tante Jolesch; dtv, 1975
Torberg, Friedrich: Der Schüler Gerber; Zsolnay Verlag, 1999
Schnitzler, Arthur: Der Weg ins Freie; Insel Verlag, 2002
Zuckmayer, Carl: Als wär's ein Stück von mir; Fischer, 1966

Zeitungen und Magazine

Zavarsky, Clemens: Der letzte Mittelläufer; in: Ballesterer #89
Kronen Zeitung, Allgemeines Sportblatt, Sport-Tagblatt, Sport-Schau,
Favoritner Museumsblatt # 29

Danksagung

Dem FK Austria Wien und Dr. Georg Spitaler für die Bilder aus der alten Zeit, dem Fotografen Robert Zolles, für das Prohaska-Bild, für das er viel Geld hätte verlangen können. All jenen, die der Austria die Treue halten, in guten wie in schlechten Tagen. Dem Verlag CULTURCON für die Möglichkeit, dieses Buch zu schreiben. Mario Sonnberger für die Inspiration zum 101-Jährigen. Prof. Karl-Heinz Schwind, der über Jahrzehnte neben beeindruckendem Wissen ein Archiv angesammelt und mir überlassen hat, in der Hoffnung, ich würde daraus einen Fundus an Büchern fabrizieren. Ich hoffe, dies war ein erster Schritt zu seiner Zufriedenheit. Catherine Ebser für die Geduld in vielen Stunden, in denen ich gedanklich und physisch bei der Wiener Austria von vor über 100 Jahren und bis heute im Stadion war und bin.

In der Reihe Bibliothek des Österreichischen Fußballs sind bereits erschienen:

Bd. 1 First Vienna Football Club (Alexander Juraske)
Bd. 2 SK Rapid Wien (Thomas Lanz)
Bd. 3 Wiener Sport-Club (Christian Bunke)
Bd. 4 FK Austria Wien (Clemens Zavarsky)

In der Reihe Bibliothek des Deutschen Fußballs sind bereits erschienen:

Bd. 1 1. FC Union Berlin (Jörn Luther)
Bd. 2 SV Babelsberg 03 (Rico Noack)
Bd. 3 BFC Dynamo (Marco Bertram)
Bd. 4 FC Energie Cottbus (Jens Batzdorf)
Bd. 5 1. FC Lokomotive Leipzig (Freundeskreis Probstheida)
Bd. 6 BSG Chemie Leipzig (Alexander Mennicke)
Bd. 7 1. FC Magdeburg (Jente Knibbiche)
Bd. 8 F. C. Hansa Rostock (Marco Bertram)
Bd. 9 1. FC Nürnberg (Benjamin Wolf)
Bd. 10 FC Rot-Weiß Erfurt (Matthias Klaß)
Bd. 11 1. FC Köln (Andreas Merkel)
Bd. 12 SG Dynamo Dresden (Uwe Leuthold)
Bd. 13 FC Sankt Pauli (Fabian Fritz & Gregor Backes)
Bd. 14 SV Waldhof Mannheim (Andi Nowey)
Bd. 15 FC Carl Zeiss Jena (Jörg Dern & Toni Schley)
Bd. 16 FC Bayern München (Marcel Neudeck)
Bd. 17 Borussia Mönchengladbach (Steffen Andritzke)
Bd. 18 Eintracht Braunschweig (Uli Hannemann)
Bd. 19 S. C. Fortuna Köln (Heribert Rösgen & Matthias Langer)
Bd. 20 FSV Frankfurt (Franziska Blendin)
Bd. 21 BSG Wismut Gera (Mario Krüger)
Bd. 22 FSV Zwickau (Norbert Peschke & Dieter Völkel)
Bd. 23 Fußball in der DDR (Frank Willmann)
Bd. 24 TSV 1860 München (Stephanie Dilba)